평생 가는
진짜 공부

전국교사작가협회 책쓰샘 지음

교사 부모 12인의 공부 리부트

알파에듀

| 이 책에 대한 추천글 |

『평생 가는 진짜 공부』는 열두 명의 전현직 교사들의 따뜻한 이야기와 현실적 조언이 담긴 책입니다. 저 또한 교사 부모로서 늘 정답 없는 공부에 헤매고 있기에 책 출간이 반가웠습니다. 이 책에는 그동안 정말 궁금했고 꼭 듣고 싶었던 이야기들로 가득했습니다. 다양한 실제 사례를 보면서 저와 우리 집 아이들에게 당장 적용해 보고 싶은 것들이 많이 생겼습니다. 아이도 어른도 가짜 공부가 아닌 진짜 공부를 해야 하는 AI시대에 이 책은 저에게 '공부'에 대한 방향을 다시 세워 준 책입니다. 많은 분이 읽으면 좋겠습니다.

—김남주(끄덕끄덕 독서가)

교사이자 부모가 전달하는 공부의 의미와 노하우, 진짜 공부의 의미를 다시 새기고, 아이를 도울 수 있는 현실적 방법이 담긴 책이에요. 제 인생에서 가장 큰 행복과 설렘을 느꼈던 순간은 제 몸 안에 품고 있던 작은 생명체가 세상과 마주했던 날입니다. 그런데 아이가 자라면서 기쁨보다는 불안을 느끼는 날이 늘어나게 되었습니다. 특히 아이가 초등학생이 되면서 더 그랬던 것 같아요. 제 생각이 주변 사람들의 말에 휘둘리면서 흔들리게 되었거든요. 입시를 위한 공부가 아닌 아이의 삶에 필요한 공부를 시키자 생각했지만 주변 사람들의 말에 흔들리고, 또 아이가 마주해야 할 현실을 부정할 수는 없겠더라고요. 그래서 너무 어렵고 힘들고 불안해져서 아이를 다그치게 되었어요. 저만 그런 것은 아닐 거라 생각합니다. 이런 우리의 흔들림을 다시 붙잡게 도와주는 이야기가 담긴 『평생 가는 진짜 공부』 꼭 읽어 보세요. 우리 아이들의 행복한 미래를 위해서!

―김선주(김몰라)

30년 동안 사교육 시장에서 아이들을 가르쳐온 강사이자 아이를 키운 엄마로 우리나라의 높은 학구열을 몸소 체감하고 있습니다. 예전엔 잘 가르친 아이 하나가 가족을 먹여 살릴 수 있는 시절이 있었습니다. 하지만 지금은 그렇지 않다는 걸 모두가 압니다. 그럼에도 우린 공부에 목숨을 걸곤 합니다. 아이들은 이유도 모른 채 문제를 풀고 외우며 학원을 다닙니다. 말 잘듣는 아이가 착한 아이, 공부 잘하는 아이가 착한 아이가 되어 버린 지금 우리 아이들은 무슨 생각을 하고 있는지 돌아보아야 할 것입니다. 이 책을 읽으며 왜 공부를 시키는지, 어떻게 하는 것이 정말 아이들을 위하는 것인지 함께 생각하고 도움 받으시길 바랍니다.

―이지은(조이쌤)

이 책은 아이에게 공부의 본질과 동시에 자기주도학습을 위한 태도를 알려주고 있습니다. 특히 부모의 현실적인 자녀교육 접근법이 담겨 있어서 초보 엄마인 제게 큰 도움이 됐습니다. 무엇보다도 구체적이고 다양한 사례를 보면서 제 아이에게 바로 적용할 수 있었던 점이 좋았습니다. 또한 책에 담긴 선생님들의 진솔한 가정 이야기는 많은 공감을 불러일으켰고, 솔루션에 담긴 진심을 엿볼 수 있었습니다. AI의 발달과 디지털 교과서로 혼란스러운 요즘, 부모라면 하루라도 빨리 이 책을 읽고 혼돈의 교육 현장을 헤쳐 나가시길 바랍니다.

―양혜원(헤일리)

워킹맘으로 일과 육아를 병행하며, 지금까지의 교육 방식이 맞는지 늘 불안했어요. 아이에게 학원이 최선인지 고민하던 중 이 책을 만나, 공부에 대한 고정관념이 깨졌습니다. 정답을 외우는 것이 아니라 질문하고 생각하는 힘을 기른다는 말에 깊이 공감했습니다. 특히 플래너 루틴은 아이의 자기주도성과 자신감을 키우는 데 큰 도움이 되었어요. 실패를 겪더라도 다시 일어서는 회복탄력성, 그리고 건강 관리의 중요성까지 짚어준 이 책 덕분에 저 역시 아이의 마음을 더 깊이 들여다보게 되었습니다.

―배윤경(초마)

AI와 디지털 교과서, 수행평가의 존폐 논란과 지금 실행되고 있는 고교학점제까지…… 교육은 쉼 없이 변하고 있습니다. 학부모인 제가 공부할 때와 지금은 너무나 다르고, 빠르게 변화하다 보니 마음이 늘 조급합니다. 아이에게 도움이 되고 싶지만 마음처럼 되지 않을 때가 훨씬 많습니다. 이 책을 읽으며 단순히 공부를 잘하는 방법이 아니라, 아이의 삶을 바르게 이끄는 공부의 본질과 지금 부모가 할 수 있고 도움을 줄 수 있는 작은 실천들을 배웠습니다. 읽고 나면 자녀 교육의 길이 조금 더 선명해지고, 마음도 한결 가벼워질 거예요. 한번 입시를 치러 보고 아직 두 개의 입시가 남은 엄마가 깨달은 사실은 부모가 해결해 줄 수 있는 건 없다는 것입니다. 부모는 안내자입니다. 이 책은 안내를 어떻게 해야 할지 모르는 막연한 부모님들께 따뜻한 안내서가 되어 줄 것이라 생각합니다.

―강연미(연미쌤)

  이 책을 읽으며 워킹맘으로서 나의 욕심이 늘 앞서나갔다는 것을 뼈저리게 느꼈습니다. 부끄러운 마음도 들고 머리를 한 대 쾅 맞은 듯한 기분입니다. 현재 우리 아이가 원하는 게 무엇인지 마음을 읽어 주지 못하고, 무조건 경쟁시대에 살아남으려면 잘해야 한다고 채찍만 휘둘렀습니다. 이 책은 어떻게 공부해야 하는지 공부하는 습관과 방식을 차근차근 알게끔 이끌어 주어 아이뿐만 아니라 부모도 성장하게 만들어 줍니다.

― 박수영(클로틸다)

| 목차 |

추천글 •04

프롤로그
왜 지금, 공부의 본질을 다시 묻는가 **윤지선** •10

1장 공부, 다시 시작하는 마음으로
― 부모와 교사로서 마주한 아이의 공부 질문

공부, 왜 해야 하냐는 아이에게 **정예슬** •19
공부는 인간다움을 지키는 일이다 **김서인** •25
부모의 말보다 삶이 가르친다 **김설훈** •32

2장 우리 집 공부 루틴 만들기
― 습관·도구·환경을 바꾸는 작지만 강력한 방법들

플래너로 계획 세우는 아이 만들기 **정예슬** •47
필기, 쓰며 이해하는 공부로 전환하다 **박현수** •53
디지털 도구, 교육의 조력자가 되다 **박현수** •64
집중력 높이는 우리 집 환경 **정다해** •74

3장 과목별 실전 공부법
― 현직 교사 부모가 직접 실천한 교실 밖 공부법

국어: 삶을 읽어내는 능력 **배혜림** •87
수학: 질문하며 익히는 개념 **김설훈** •95

영어: 늦게 시작해도 괜찮아 **김수린**•107
사회: 우리 주변 삶을 함께 배우는 공부 **김서인**•117
과학: 세상을 새롭게 바라보는 즐거움 **전영신**•123

4장 흔들릴 때, 함께 다시 일어서는 공부
— 실패, 감정, 회복을 이끄는 부모의 관점

실패를 딛고 일어서는 회복탄력성 **엄월영**•135
동화책으로 세운 자존감 **전영신**•150
성장기 아이를 위한 진짜 공부는 건강 관리부터 **엄월영**•159
사춘기, 감정보다 관계를 먼저 본다 **김수린**•167
오늘도 너에게 아침편지를 보낸다 **정다해**•177

5장 진로, 미래를 향한 부모의 길잡이
— 성적보다 중요한 '방향 찾기'

국제중 진학의 고민과 선택 **김문영**•189
진로를 찾는 아이와 함께 슬로리딩 **김문영**•201
아이 안의 가능성을 여는 부모의 질문 **김성화**•208
세상을 보는 눈, 우리 집 경제 콘서트 **김성화**•217

에필로그
성적보다 더 오래 남는 것에 대하여 **배혜림** •226

| 프롤로그 |

> 왜 지금, 공부의 본질을 다시 묻는가

전국교사작가협회 <책쓰샘> 대표 윤지선

인공지능과 디지털 교과서의 등장, 수행평가와 고교학점제!
부모가 알아야 할 것도 많고, 준비해야 할 것도 많습니다. 어디서부터 어떻게 준비해야 할지 머리가 지끈거리기도 하고, 빠르게 준비해서 선점하겠다는 두근거림도 있으실 겁니다.
지금 교육 현장은 감히 공부 대 전환의 시대로 부를 수 있을 만큼 급변화하고 있습니다. 우리는 사교육 없는 세상을 꿈꾸지만 강남 집값은 대형 학원가를 중심으로 들썩입니다. 교과서만 공부했다는 수능 만점자의 말은 교과서도 공부했다는 말로 들릴 정도로 고개를 갸웃하게 합니다.
대체 자녀는 어떻게 키워야 할까요? 공부 잘하는 아이는 남의 자녀이고, 학원의 전기세를 책임지는 아이는 내 자녀인 안타까운 현실. 어떻게 해야 내 아이를 바르고 현명하게 미래사회를 이끌 인재로 키울 수 있는 걸까요?

여기 모두 합쳐 교육 경력 200년이 넘는 전설의 선생님들이 모였습니다. 내가 가르쳤던 혹은 가르치고 있는 현명한 아이들의 특징을 연구하고 내 자녀에게 가장 좋은 공부법을 가르치는 부모들이 모였습니다.

교사 부모 12인의 공부 리부트 법!
교사 부모의 시크릿 노트를 지금부터 공개하려고 합니다.
현직 선생님들은 자녀를 어떻게 키울까요?
아이러니하게도 현직 교사는 워킹맘, 워킹대디입니다. 웬만한 모임에서는 끼워 주지도 않는다는 워킹맘들인데 이상하게도 자녀들은 명문대에 턱턱 진학하고 다른 집단보다 아이들을 잘 키운다는 말입니다. 교사 부모에게는 '효율적' 공부 비법이 있습니다. 자신이 아이들을 가르치며 체득한 노하우가 있습니다. 한정된 시간 동안 얼마나 알차게 자녀 교육을 할 수 있는지 교사 12인의 조금은 특별한 교육 방법을 소개합니다. 이 글을 읽는 독자들이 자녀 교육의 큰 로드맵을 그릴 수 있으면 좋겠습니다.

1장은 다시 시작하는 진짜 공부

자녀 교육을 어떻게 시작해야 할지 갈팡질팡하는 분께, 이미 늦었다고 생각하시는 분께 다시 시작할 수 있는 공부 방법을 이야기합니다.

워런 버거(Warren Berger)는 『A More Beautiful Question』이라는 책에서 "좋은 질문이 더 나은 미래를 만든다."고 했습니다. "What if……?"는 애플

의 창업자 스티브 잡스의 사고방식이었습니다. 전직 교사이자 교육 인플루언서로 활동하고 있는 독서교육 전문가 정예슬 선생님은 AI시대 '질문하는 법'에 대해 말합니다. 교사 엄마인 김서인 선생님은 부모가 아이의 진짜 공부를 위해 해줘야 할 일 들을 제시합니다. 뜨거운 사교육 현장에서 대치동설티로 활동하고 있는 전직 초등교사 김설훈 선생님은 부모의 삶이 아이를 어떻게 변화시키는지 자신의 경험을 통해 로드맵의 시작점을 말해 줍니다.

2장은 교사들이 숨겨뒀던 자녀 공부 비법

유초등 자녀들부터 시작할 수 있는 플래너 사용법, 가장 아날로그적이지만 AI시대 공부법으로 떠오르는 노트 필기법, 챗GPT를 이용한 공부법, 자기 주도적 학습 습관을 만드는 학습 매니저로서의 도구 소개, 집중력을 높이는 환경 루틴을 자세하고 친절하게 담았습니다.

3장은 부모님께서 가장 궁금해하시는 과목별 실전 공부법

고등학교 국어 교사로 20년 이상 재직하며 중, 고등학생 아들 둘을 키우고 있는 배혜림 선생님의 국어 학습법, 대치동 수학 전문 강사 김설훈 선생님의 진짜 수학 공부법, 오랜 외국 생활을 하며 자녀를 국제학교에 보낸 20년 차 영어 교사 김수린 선생님의 실전 영어 학습법은 초등 자녀를 둔 독자들에게 큰 울림을 줄 것입니다. 이 밖에도 현직 교사들이 풀어놓는 사회, 과학 공부 비법도 정성껏 담았습니다.

4장은 흔들릴 때 다시 일어서는 공부법

 요즘 부모님들은 실패를 큰 결점으로 생각하곤 합니다. 학교에서 단순한 게임을 하다 지면 운다거나 분을 못 참아 화를 내는 아이도 있고 부모님 또한 아이에게 좌절을 경험시키는 것을 죄악시 하는 경향이 있습니다. 그런데 아이들이 홀로 마주해야 하는 세상은 사실 만만치 않습니다. 그걸 알지만 부모 마음에 내 아이는 꽃길만 걷게 하고 싶은 거겠지요. 4장에서는 넘어져도 툴툴 털고 일어나는 회복탄력성이 뛰어난 아이, 자존감이 높은 아이, 내 아이의 건강관리법과 부모와 자녀의 관계 유지법을 알차게 담았습니다.

5장은 우리 아이 진로를 위한 길잡이

 국제중 진학을 위한 공부법부터 관련 도서 소개, 올바른 경제교육법 등을 소개하고 있습니다.

 교사 부모도 여러분처럼 완벽한 부모는 아닙니다. 아이를 키우며 부족한 점도 느끼며 시행착오도 겪습니다. 지금도 시행착오는 진행 중이고 실패는 늘 부모를 아프게 합니다. 하지만 교사 부모에게는 매년 만나는 아이들이 있습니다. 초등 담임교사는 1년에 25명, 전담 교사와 중등 교사는 100명 이상의 다양한 아이들을 만납니다. 1년 100명을 20년간 만났다면 2천 명의 아이들을, 교사 12명을 합치면 2만 4천 명의 아이들입니다. 어떤 집단보다 교육에 대한 많은 데이터를 가지고 있다는 말입니다. 교사 부모가 감히 여러분에게 말씀드릴 수 있는 것은 실패하고 좌절하는 속에서도 아이들은 성장하고 있으며 그 성장을 위해 부모가 빠르게 손을 내밀어 줘야 한다는 사실입니다.

저희가 정성스레 마음을 담은 이 책에서 내 자녀를 위한 황금 동아줄을 찾아내실 것을 기대하겠습니다. 여러분은 이미 훌륭한 부모님입니다. 더욱 훌륭한 부모가 되기 위해 이 책을 선택한 여러분에게 깊은 존경의 마음을 보냅니다.

공부, 다시 시작하는 마음으로

부모와 교사로서 마주한 아이의 공부 질문

공부, 왜 해야 하냐는 아이에게

정예슬

"이제 공부는 AI가 대신해 줄 테니, 우리는 공부 안 해도 되는 거 아닌가요?"

요즘 만나는 학생들에게 종종 듣는 말입니다. 학부모님들 중에서도 AI 시대 자녀의 진로를 고민하며 앞으로 어떤 세상이 펼쳐질지 걱정스러워하는 분들이 많습니다.

우리가 익숙한 공부는 '지식을 외우고 문제를 풀어내는 행위'였습니다. 과거 사회는 정답이 있는 문제를 빨리, 정확하게 푸는 사람이 필요한 시대였으니까요. 이제 그 정답을 인간보다 훨씬 빠르고 정확하게 제시할 수 있는 AI가 등장했습니다. 기존의 지식 전달 관점에서 본다면 더 이상 우리가 공부하는 것은 무의미해졌습니다.

하지만 진짜 공부가 무엇인지 다시 고민해 본다면 지금까지와 다른 공부가 필요해졌음을 알 것입니다. 어쩌면 그동안 소홀했으나 이제는 놓치지 말아야 할 공부를 시작해야 할 때임을 깨닫게 될 것입니다. 이 장에서는 자녀나 학생에게 들려주는 말투로 이 시대에 꼭 필요한 공부에 대한 이야기를 해보겠습니다. AI시대에 공부를 왜 해야 하는지 궁금해하는 자녀나 학생이 있다면 아래 이야기를 참고해 보세요.

"안녕? AI 시대에 왜 공부를 해야 하는지 궁금한 너희에게 세 가지로 그 필요성을 알려 주려고 해. 잘 들어보고 궁금한 점이 있으면 이야기해 줘. 함께 고민해 보자.

첫째, AI 도구를 잘 활용하기 위해서 우리는 질문하는 법을 배워야 해. 흔히 많이들 사용하는 생성형 AI 중에 챗GPT라는 게 있어. 챗GPT에는 메시지 창이 있는데 여기에 어떤 질문을 하느냐에 따라 답변의 수준과 양은 천차만별이야. 질문을 얼마나 잘하느냐에 따라 완전히 다른 결과값을 얻을 수 있거든. 그렇다면 질문을 잘하는 방법은 무엇일까? 좋은 질문은 단순한 정보를 얻는 게 아니라 더 깊이 사고하고 문제를 해결할 수 있도록 도와야 해. 그러기 위해 질문의 목적을 분명하게 하고 구체적으로 묻는 게 중요하단다. 예를 들어 '역사에 대해 알려 주세요.'라고 묻기보다 '발해가 멸망한 과정과 가장 큰 원인은 무엇인가요?'라는 질문을 해야 원하는 답을 얻을 수 있어. 더불어 필요한 배경 설명을 함께 넣어 주었을 때 더 정확한 답을 얻게 되지. 즉 질문하기 위해 어느 정도의 배경지식이 필요해. 그러

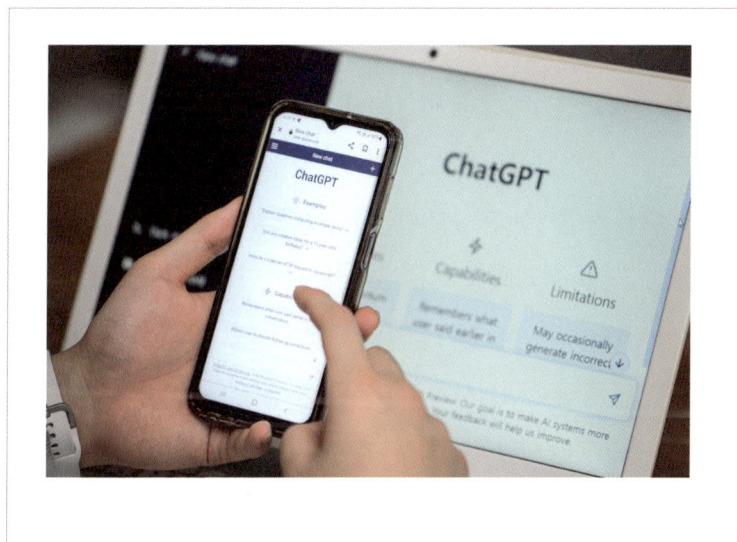

려면 책을 읽거나 관련 영상을 보는 등의 사전 공부가 필요하단다. 또 질문하는 순간 새로운 공부가 시작되기도 해. '왜 이렇게 풀어야 하지?', '다른 방법은 없을까?'와 같은 질문은 단순한 호기심을 넘어서 사고를 시작하게 만드는 원동력이 되거든. 질문을 던지는 순간, 우리는 문제를 새롭게 바라보게 되고, 그 속에서 생각은 깊어지고 더 확장된단다. 질문은 단지 궁금증이 아니라 세상을 바라보는 태도이며, 사고력과 창의력의 씨앗이야. 진짜 공부는 질문에서부터 시작된다고 해도 과언이 아니지.

둘째, 나만의 시선을 갖기 위한 탐구력과 비판적 사고력이 필요해. 모든 지식과 정보를 AI를 통해 쉽게 구한다고 해도 그것이 거짓 정보는 아닌지, 나에게 필요한 정보는 무엇인지 구별하는 힘이 필요하거든. 이제 정답을 외우는 공부가 아니라 질문을 검토하고 답변을 비판적으로 판단하여 재구성하는 능력이 필수라는 말이야. '더 나은 세상 만들기'라는 주제로 보고서를 쓴다고 생각해 보자. 이때 누군가는 '지속가능한 삶을 위한 미래 기술에는 어떤 것이 있을까?'라는 환경과 기술 발전의 조화를 고민할 수도 있고, 또 다른 누군가는 '기술이 발전하면서 소외되는 사람은 없을까?'라는 인권을 고민할 수도 있어. 혹은 '앞으로 미래 학교의 모습과 교과목은 어떻게 달라져야 할까?'와 같이 교육에 대해 고민할 수도 있지. 같은 주제라도 개개인의 흥미와 관심사에 따라 다양한 답변의 보고서가 나오게 될 거야. 학교 시험뿐만 아니라 사회에 나와서 맞닥뜨리는 많은 문제가 정답이 정해진 단답형, 오지선다형이 아니라 서술형, 논술형이란다. 그래서 평소 신문 기사나 뉴스 등 사회 이슈에 관심을 갖고 나만의 해결책을 마련해 보는 연습이 중요해.

셋째, AI와 공존하는 시대일수록 인간의 윤리적 책임 의식, 상호 협력과 소통이 더욱 중요해. 어떤 기술을 '어떻게' 사용할 수 있는지를 넘어서, '왜' 사용하는지에 대한 성찰도 필요하단다. 예를 들어, AI를 활용해 글을 쓰거나 이미지를 만들 수는 있지만, 그것이 타인의 권리를 침해하거나 왜곡된 정보를 퍼뜨리는 일은 아닌지 판단할 수 있어야 해. 다양한 사례를 통해 옳고 그름에 대해 고민하고, 자신의 선택에 책임지는 연습을 해야 한단다. 또 협업과 소통이 더욱 중요해졌어. 혼자 문제를 풀고 끝내는 것이 아니라 다른 사람과 의견을 나누고 함께 해결책을 찾아가는 노력이 필요해. 친구들과 팀을 이루어 하나의 프로젝트를 완성해 보거나, 서로의 생각을 비교하고 조율하며 의견을 발전시키는 과정에서 협력적 사고력과 사회

적 책임감이 자라거든. 온라인 시대에는 물리적 거리를 넘어 협업할 수 있는 디지털 도구들이 많아졌어. 구글 문서, 패들렛, 협업형 마인드맵 툴 등 다양한 디지털 협업 도구들을 활용하면 집이나 학교 어디에서든 함께 공부할 수 있어. 이러한 협업은 단순한 역할 분담이 아니라, 서로 배우고 함께 성장하는 기회를 마련해 준단다. 나만 잘하고 나에게만 이익이 되는 공부가 아니라, 함께 잘하고 온 세상이 발전할 수 있는 공부, 이것이 미래 교육의 방향이야."

그동안 우리는 아이들에게 열심히 공부하라는 말만 해왔습니다. 이제는 '어떻게, 왜 공부해야 하는지'를 함께 고민하고 안내해 주는 동반자가 되어야 합니다. 끊임없이 변화하는 시대 환경 속에 정답이란 존재할 수 없고, 기존의 답을 해답이라 제시하기도 어렵습니다. 나만의 답을 찾아 나가는 과정에서 함께 고민하고 변화하며 성장해야 할 때입니다. 여전히 공부는 유효하고 그 정의와 방향만 달라진 셈이지요.

지금이야말로 공부의 본질을 다시 정의해 보면 어떨까요?

지식을 '쌓는' 공부에만 그치지 않고 쌓은 지식을 '활용하고 연결하며', 나아가 '새로운 질문을 던지는 능력'을 키우는 공부가 진짜 공부랍니다. 공부의 목적도 이렇게 바꿔 볼까요? '문제를 빨리, 많이 푸는 사람' 혹은 '방대한 지식을 잘 외우는 사람'을 만드는 공부가 아니라 '문제를 발견하고 나만의 방식으로 해결하는 사람'을 기르는 것으로 말이에요.

AI는 뛰어난 계산력과 기억력, 빠른 데이터 분석 능력을 갖췄어요. 하지만 감정이입과 공감력, 창의성과 상상력, 가치 판단과 윤리적 사고, 협력과 소통 등은 여전히 인간만의 고유한 능력이에요. 이러한 능력은 단기간의 훈련으로 길러지지 않습니다. 오랜 시간에 걸친 '인간의 삶과 공부' 속에서 길러진답니다. 그러므로 우리는 여전히, 아니 더욱더 열심히 공부해야 합니다. AI 시대는 인간의 역할을 위협하는 시대가 아니며, 더이상 공부가 필요 없는 시대가 아니에요. 오히려 더 많은 공부가 필요하고, 인간다움이 요구되는 시대입니다.

공부는 인간다움을 지키는 일이다
김서인

"우리 아이가 공부를 잘했으면 좋겠어요." 이 말을 하지 않는 부모님은 아마 없을 거예요. 이 말에 담긴 진심은 우리 아이가 성공했으면 하는 담긴 솔직한 말일 거예요. 하지만 우리는 때때로 그 바람의 방향을 점수와 경쟁, 빠른 성취에만 두고 있지는 않은지 되돌아볼 필요가 있어요. 처음 생각과 달리 나도 모르게 아이의 성적표만 바라보며, 정작 그 아이가 어떤 생각을 하고 어떤 꿈을 키우고 있는지 놓치고 있지는 않을까요?

아이들은 자라는 과정에서 수많은 질문을 하곤 합니다. "엄마, 왜 하늘은 파란색이에요?" "아빠, 왜 사람들은 서로 다른 언어를 써요?" 이런 질문들을 들을 때마다 아이들의 호기심과 궁금증이야말로 진정한 공부의 시작점이 아닐까 하고요. 하지만 어릴 적 순수한 호기심들이 점점 사라고, 똑같은 모습으로 공부하고 똑같은 생각만 하게 되는 것은 아닐까 하는 안타까움을 갖게 된답니다.

그럼 진짜 우리 아이들을 위한 공부는 어때야 할까요? 공부는 아이를 점수로 평가하기 위한 도구가 아니에요. 공부는 아이가 사람다워지는 과정이며, 인간적인 고민과 성장을 배우는 길이랍니다. 공부를 통해 아이는 스스로 질문하는 법을 배우고, 타인의 입장을 이해하며, 실패를 통해 자신을 단단하게 만들어 갈 수 있는 것이지요.

아이의 점수가 모든 것을 결정하는 것 같을 때

어머님들과 상담을 하다 보면 "선생님, 우리 아이가 수학 시험에서 70점을 받았어요. 어떻게 해야 할까요?" 하는 질문을 많이 듣게 됩니다. 저 역시도 아이들과 결과를 볼 때는 점수부터 보게 되는 건 사실이에요. 하지만 비록 부모의 마음에 드는 점수가 아닐지더라도, 우리는 과정을 들여다보는 넓은 시야를 가져야 해요.

공부는 단순히 정보를 습득하는 활동이 아니랍니다. 아이들이 책 한 권을 읽고, 질문 하나를 고민하며, 친구들과 생각을 나누는 모든 시간이 바로 그 아이의 '사람됨'을 만들어 가는 것이니까요. 아이가 수학 문제를 풀다가 막혔을 때, 그 순간이야말로 가장 소중한 배움의 시간이에요. 포기하지 않고 다시 도전해 보는 끈기, 다른 방법을 찾아보는 창의성, 친구에게 도움을 요청하는 용기……. 이런 것들이 점수보다 훨씬 값진 성장의 증거들입니다.

공부를 잘한다는 건 지식을 많이 안다는 게 아니라, 자기 삶과 세상을 더 깊이 이해하고자 하는 태도를 가진다는 것입니다. 아이가 역사를 공부하면서 "그때 사람들은 왜 그런 선택을 했을까?"라고 고민한다면, 그것이 바로 진정한 공부예요. 때로는 아이가 교과서 밖의 것에 더 관심을 보일 수도 있어요. 곤충에 빠져서 하루종일 개미를 관찰하거나, 별을 보며 우주에 대해 상상하거나, 친구와의 갈등을 해결하려고 고민하는 시간 말이에요. 이런 것도 모두 소중한 공부입니다. 아이가 자신만의 방식으로 세상을 탐구하고 이해해 가는 과정이니까요.

부모가 아이의 진짜 공부를 위해 해줘야 할 일들

"넌 더 잘할 수 있어." 부모님들이 자주 하시는 말이에요. 분명 격려의 의도로 하시는 말씀이지만, 아이에게는 때때로 '지금 나는 부족해'라는 마음을 남기기도 한다고 해요. 얼마 전 한 아이가 저에게 이런 말을 했어요. "선생님, 엄마는 항상 '넌 할 수 있어'라고 하는데, 저는 지금도 열심히 하고 있는데 왜 더 해야 하는지 모르겠어요." 그 아이의 표정에서 피로와 혼란을 읽을 수 있었답니다.

이처럼 부모님의 말 한마디가 아이의 내면에 깊이 새겨집니다. "오늘 공부하느라 수고했구나"라는 말과 "이번엔 점수가 좀 아쉽네"라는 말, 둘 다 사실일 수 있지만 아이에게 주는 메시지는 완전히 다른 것이죠. 점수보다 과정에, 결과보다 아이의 노력에 집중해 줘야 한다는 것은 이미 많은 전문가들이 이야기했지만 또 강조해 봅니다. 아이가 수학 문제를 틀렸다면 "왜 틀렸을까?"보다는 "어떤 생각으로 이 문제를 접근했는지 말해 볼래?"라고 물어보세요. 아이가 영어 단어를 외우지 못했다면 "더 열심히 해야지"보다는 "어떤 방법으로 외우면 더 재미있을까?"라고 함께 고민해 보세요.

진짜 인생을 사는 인간다운 공부를 하기 위해서는 부모님의 믿음이 가장 큰 자양분이 된답니다. "네가 노력하는 모습을 보니 정말 대견해", "실수해도 괜찮아, 그것도 배움이야", "너만의 속도로 천천히 가자." 같은 말들이 아이의 마음에 든든한 기반을 만들어 줍니다.

성공만 있는 인생은 없습니다. 아이 역시 마찬가지입니다. 시험을 망치기도 하고, 계획한 대로 공부가 되지 않기도 하고, 친구와 비교되어 속상하기도 하지요. 그럴 때 가장 필요한 것은 혼내는 것이 아니라 곁에 있어 주는 것입니다. 실패를 경험으로 받아들이고, 다시 일어서는 법을 배우는 것. 그것이 아이가 공부를 통해 배우는 가장 인간적인 태도랍니다.

저는 세 아이를 키우고 있습니다. 아이를 낳으면서 선생님 때부터 다짐했던 '비교하지 말고 양육해야지'라는 생각을 실천하려 노력했지만, 삼남매가 점점 자라면서 서로 다른 점을 인지하고 직접 비교하더라고요. 게다가 저희 둘째와 셋째는 쌍둥이거든요. 아이들도 누가 더 잘했는지, 어떤 것이 더 잘한 것인지 알게 된다는 것은 스스로 기준이 생겨가고 있다는 점이니 환영해 줄 일이랍니다. 그때, 저는 아이들에게 이런 말을 해주었어요. "다른 사람의 잘된 점을 보는 건 나도 배울 수 있기에 좋은 시선이야. 하지만 나의 못하는 점만 바라본다면 잘할 수 있는 씨앗이 꽃을 피울 수 없어. 그러니 너라는 예쁜 씨앗에 잘하고 싶은 마음의 햇빛과, 하려는 노력의 물을 꾸준히 주면서 꽃을 피우자." 하고 말이죠.

공부를 하다 보면 인간다운 태도를 배우게 될 때, 부정적이고 비교하는 감정들을 무조건 무시하거나 외면할 필요는 없습니다. 있는 그대로, 그리고 아이의 강점을 보살펴주는 부모가 있다면, 그 자연스러운 마음들은 아이가 더 단단하게 성장하고 진짜 삶의 공부를 하는 데 도움이 될 테니까요.

얼마 전, 막내가 두발자전거를 배울 때였습니다. 누구보다 잘 해내고 싶은 마음 때문인지 아이는 힘이 들어가서 자전거 균형을 잡는 것조차 어려워했어요. 저는 많은 고민을 했어요. 옆에서 잡아 줄까? 하고 말이죠. 하지만 1시간 동안 끝까지 지켜보았습니다. 아이가 화도 내고, 넘어지기도 하고 수없이 실패를 반복하더니, 어느 순간 균형을 잡더라고요. 부모의 도움이 아이가 빨리 배울 수 있게 도와주기도 합니다. 하지만 아이가 자신의 실패에서 배우는 것은 아이의 인생에서 평생 잊을 수 없는 기억이 될 테고, 그 힘은 '성장의 기회'가 된다는 것이죠.

실패에서 배우는 아이들은 나중에 더 큰 도전 앞에서도 두려워하지 않습니다. "실패해도 괜찮아, 다시 시도하면 돼"라는 마음의 여유를 갖게 되거든요. 이런 마음가짐이야말로 인생의 가장 소중한 자산이 된답니다. 실패해도 다시 도전해보는 용기와 마음가짐, 말로는 쉽지만 생각보다 너무너무 어려운 일이니까요.

아이들이 커 가면서 공부에 대한 본질적인 질문을 하곤 합니다. "왜 공부를 해야 해요?" 이럴 때 부모님은 어떻게 대답하시나요? "좋은 대학 가야 하니까." "나중에 후회하지 않으려면." "다른 아이들도 다 하잖아."라는 대답을 하시나요? 이런 대답을 들으면서 자란 아이들은 공부를 '해야 하는 것', '의무'로 받아들이게 됩니다. 하지만 의무감만으로는 진정한 배움이 일어나지 않게 됩니다.

아이가 흔히 수학을 왜 배워야 하는지에 대한 질문에 "왜 수학을 배워야 해요? 나중에 계산기 쓰면 되잖아요.""그럼 너는 왜 요리를 배우고 싶어 해?""음⋯⋯ 맛있는 걸 만들어서 가족이 기뻐하는 모습을 보고 싶어요.""수학도 비슷해. 수학을 통해 문제를 해결하는 방법을 배우고, 논리적으로 생각하는 힘을 기르면, 네가 좋아하는 요리에서도 레시피를 개량하거나 영양을 계산할 때 도움이 될 거야." 아이의 인생에 공부가 필요한 이유를 실제적으로 설명해 주면 좋답니다. 그런 말들이 아이에게 쌓여서 공부가 하고 싶은 동기로 바뀌기 때문이지요.

인공지능과 기술이 발달하는 시대에도 변하지 않는 것은 사람의 마음과 생각하는 능력이에요. 아이가 공부를 통해 기르는 것은 단순한 지식이 아니라 평생 자신을 지켜나갈 수 있는 내적인 힘입니다. 지금 이 순간에도 아이는 책상 앞에서 조금씩 성장하고 있어요. 어려운 문제를 고민하면서 인내심을 기르고, 새로운 개념을 이해하면서 성취감을 맛보고, 친구들과 함께 공부하면서 협력하는 법을 배우고 있어요.

아이의 공부를 바라볼 때 조급해하지 마세요. 성장은 하루아침에 이루어지지 않으니까요. 씨앗이 땅속에서 뿌리를 내리고, 새싹이 돋아나고, 꽃을 피우기까지 시간이 필요하듯이 아이의 배움도 천천히 익어 가는 과정이랍니다. 그 중심엔 아이가 있어야 해요. 그 아이의 옆에 조급함이 아닌 응원으로 함께해 주세요. 아이가 힘들어할 때는 따뜻한 격려를, 성취했을 때는 진심어린 축하를, 실패했을 때는 든든한 위로를 건네주세요. 우리 아이가 공부를 통해 사람다운 사람이 되어가고 있음을 믿어 주세요. 그 믿음은 점수보다 더 멀리, 아이의 인생에 흔들리지 않는 기준이 되어 줄 거예요. 오늘도 공부하는 우리 아이들이, 그리고 그 곁을 지키는 부모님들이 참 아름답습니다. 함께 응원합니다.

부모의 말보다
삶이 가르친다
김설훈

    2014년 9월 13일. 이 날을 저는 평생 잊지 못할 거예요. 제 인생의 새로운 장이 열린, 제가 '부모'라는 이름표를 단 첫날이거든요. 그날의 공기는 유난히도 촉촉하고 긴장감으로 가득했던 기억이 납니다. 분만실 문이 열리고, 작고 붉은 생명이 제 품에 안겼을 때 제 심장은 마치 번개라도 맞은 듯 쿵 하고 내려앉는 것 같았어요. 그 순간, 세상의 모든 소음이 사라지고 오직 그 울음소리만이 제 귀를 가득 채웠죠.

    조심스럽게 제 품에 안긴, 그 작은 몸은 너무나도 따뜻하고 부드러웠어요. 갓 태어난 아기의 쭈글쭈글한 손가락, 붉은 얼굴. 그 모습은 기적이라는 말 말고는 표현할 수 없었어요. 학교에서 수십 명, 수백 명의 아이들을 가르치며 그 아이들이 커 가는 모습을 보는 것은 제게 익숙한 영역이었어요. 열정적이고 교육관도 투철한 교사였고요. 하지만 제 품에 안긴 이 작은 아이는 달랐어요. 교사로 살아온 삶과 부모로서 살아갈 삶은 다른 문제니까요. '이 작은 생명을 내가 과연 잘 키워낼 수 있을까?', '내가 과연 좋은 부모가 될 수 있을까?', '이 아이를 어떻게 키워야 할까?' 등의 질문들이 부모로서의 제 삶을 시작하는 첫 페이지를 채웠습니다.

우리는 모두 부모가 처음이잖아요. 그 어떤 육아서적이나 전문가의 조언도 '진짜 부모'가 되는 방법을 완벽히 알려 주지는 못하더라고요. 다른 아빠보다 육아서를 훨씬 많이 읽었다고 자부하지만 이론과 현실의 간극은 생각보다 훨씬 넓었답니다.

아이의 미래를 위한 수많은 결정 앞에서 저는 매 순간 갈림길에 섰어요. 어떤 유치원을 보내야 할지, 어떤 책을 읽혀야 할지, 친구 관계는 어떻게 알려 줘야 할지. 심지어 아이가 자다가 갑자기 울며 잠투정을 할 때는 '내가 뭔가 잘못하고 있나?', 공부 때문에 스트레스를 받고 있나? 내가 부족한 부모인가?' 하는 자책감이 들기도 했지요. 과연 이 길이 아이에게 최선일지, 혹여 잘못된 선택으로 아이에게 부담을 주지는 않을지, 매 순간 불안과 고민이 따랐습니다. 다른 부모들도 저처럼 이런 고민을 했을 거예요.

둘째 딸아이가 태어나고, 이어서 셋째 아들까지 품에 안으면서 저는 세 아이 각자의 개성과 필요에 맞춰 다른 길을 찾아야 한다는 것을 깨달았지만, 그 과정도 역시 쉽지 않았습니다. 여전히 예측 불가능하고 고단한 여정이었어요. 어두운 밤바다 위에서 거친 파도를 마주한 배처럼, 그리고 매번 새로운 파도를 만나며 방향을 수정해야만 했습니다. "내가 과연 좋은 부모가 될 수 있을까?", "우리 아이들을 어떻게 키워야 행복하게 살 수 있을까?" 아이들이 잠든 고요한 밤, 천장을 바라보며 수없이 되뇌었던 질문들이죠. "다른 아이와 비교하지 마세요. 우리 아이의 어제와 비교하세요" 자녀 교육에 대한 강의를 하러 다닐 때마다 하는 말입니다.

그런데 정작 저는 다른 집 아이들은 척척 해내는 것 같은데, 왜 우리 아이는 저럴까 하는 비교의식에 사로잡힐 때도 있었죠. 내 작은 선택 하나가 아이의 성장에 바로 영향을 주니, 잘못된 선택에 대한 후회는 물론이고 미래의 선택에 대한 불안은 말로 표현하지 못할 정도였지요. 교사로서의 삶도 막중한 책임감이 필요하지만, 부모의 무게감은 비교할 수 없는 정도였어요.

아이가 한 걸음씩 성장할 때마다 새로운 고민과 마주해야 했고, 때로는 제가 가진 지식과 경험만으로는 부족하다는 한계에 부딪히기도 했어요. 이 막막함 속에서 저는 아이의 성장을 위한 가장 중요한 가르침은 부모의 '말'이 아닌 '삶' 그 자체에서 나온다는 것을 서서히 깨달았답니다. 완벽한 부모가 되기보다는 아이와 함께 성장하는 부모가 되는 것이 더 중요하다고 말이죠.

부모는 자녀의 거울이다. 자녀는 부모의 거울이다. 저는 두 말 모두 맞다고 생각해요. 부모의 모습을 보며 아이가 배우고, 아이의 모습을 보면 어느 정도 부모의 모습을 알 수 있잖아요. 부모가 아이의 자기주도적 학습을 격려하고 실패를 두려워하지 않도록 지지할 때 아이는 도전정신과 문제해결력을 키우는 데 큰 도움을 받는다고 해요. 저 역시 세 아이를 키우는 학부모이자, 대치동에서 수학을 가르치는 선생님입니다. 그러다 보니 다양한 경험이 우선이냐 공부가 우선이냐 사이에서 불안할 때가 있어요. 사교육 1번지 현장에 있다 보니, 소위 '잘 나가는' 아이들의 사례를 너무나도 많이 접하거든요.

초등학교 5학년인 아들은 이 과정을 하고 있는데 대치동의 아이들은 저 과정을 하고 있고, 초등 수학을 끝내고 중등 수학을 하고 있는 아이들을 보면서 마치 우리 아이만 뒤처지는 것 같은 압박감에 저도 모르게 마음이 조급해지곤 했지요. 이들이 단기적으로는 시험에서 높은 점수를 받는 경우를 보면서, 과연 다양한 경험이 아이의 미래에 도움이 될까 하는 걱정을 하기도 했답니다. '지금 당장 눈앞의 성과를 놓치면 어쩌지?' 하는 불안감이 저를 흔들 때마다 우리 아이를 믿고 마음을 잡으려고 노력해요.

아홉 살인 둘째가 수학 문제집을 풀다가 답답해하며 속상해한 적이 있어요. 어떤 수를 구하는 문제를 처음 접할 때였는데, 아무리 설명해 줘도 이해가 어렵다며 답답해하더라고요. 그때 제가 "괜찮아, 조금 쉬었다가 다시 해볼까? 처음에는 그럴 수 있어. 지금은 어려워도 계속 고민해 보면 풀 수 있을 거야."라고 말하며 시간을 주었어요.
잠시 후 스스로 다시 책상에 앉아 끙끙대며 문제를 풀기 시작했어요. 그리고 마침내 정답을 맞히고는 저를 보며 환하게 웃더라고요. 그 순간 저는 아이에게 필요한 것은 정답을 알려 주는 것이 아니라, 스스로 해낼 수 있다는 믿음을 주고 기다려 주는 것임을 다시 한번 깨달았답니다. 만약 제가 풀이과정과 답을 바로 알려 줬다면 아이가 어려운 문제를 접했을 때 계속 도전하며 결국 풀어내는 경험을 하지 못했을 거예요. 부모나 선생님이 믿고 기다려 주면 아이들은 결국 해낼 수 있습니다. 그 불안한 순간을 견디고 넘어서야 합니다. 아이가 가진 무한한 잠재력을 믿고, 그 잠재력이 꽃피울 수 있도록 든든하게 지지해 주는 것이 어른의 가장 중요한 역할이라고 생각해요.

저는 앤젤라 더크워스 교수의 책 『그릿』을 좋아합니다. 열정과 끈기를 뜻하는 그릿. 그릿을 가진 아이들은 어려움에 직면했을 때 포기하지 않고 지속적으로 노력하며 학습 성과가 향상된다는 그 말을 믿거든요. 재능이나 지능이 고정된 것이 아니라, 노력과 경험을 통해 얼마든지 성장하고 발전할 수 있다는 믿음. 그 믿음을 부모나, 선생님, 그리고 우리 아이들이 가슴 속에 품고 있어야 한다고 생각해요.

물론 우수한 재능을 유전으로 물려받은 아이들도 있지요. 하지만 우리 아이들에게 타고난 재능이 없더라도 일정한 수준까지는 노력하면 더 잘할 수 있다는 믿음을 심어 줘야 합니다.

저희 집 첫째는 3학년 때까지 축구 선수가 꿈이었어요. 클럽에서 선수반 활동을 하면서 일주일 내내 팀 훈련과 개인 훈련을 했어요. 체력 훈련을 위해 줄넘기 이중 뛰기를 해야 했는데 처음에는 당연히 하지 못했죠. 할 때마다 줄넘기 줄이 다리에 걸리거나 팔에 맞으면서 너무 아파했어요. 잘 되지 않아서 눈물을 흘릴 때도 있었죠.

하지만 한 번을 성공하자 두 번은 쉬웠고 그 성공이 이어지면서 나중에 편안하게 이중 뛰기를 하는 수준까지 올랐어요. 줄에 걸려서 아파하고 속상해할 때마다 저는 괜찮다고, 계속 시도하면 결국은 될 거라고 격려를 해주었지요. 다시 해보자고, 또 해보라고. 물론 저도 속으로는 많이 답답했고 속상하기도 했죠. 지금 걸린 건 실패가 아니라는 이야기를 계속 해주자 결국 해내더라고요.

공부도 마찬가지예요. 부모가 아이에게 "너는 똑똑하구나" 또는 "잘한다"라고 결과만을 칭찬하기보다 "정말 열심히 노력했구나", "이 문제를 해결하기 위해 여러 방법을 시도했구나"라고 과정과 노력을 칭찬해 줄 때, 아이는 실패를 두려워하지 않고 끊임없이 도전하는 용기를 얻게 되는 것이죠.

둘째가 피아노를 처음 배울 때 이야기예요. 처음에는 당연히 어렵잖아요. 어리니까 손가락도 작고, 건반을 누르는 힘도 약하고요. 선생님이 연습을 위해 내주신 곡을 칠 때 잘 안 되어서 속상해했어요. 그런데 아침에 일어나자마자, 그리고 집에서 오갈 때마다 자주 거실에 있는 피아노에 앉아서 치더니 결국은 해내더라고요. 그때마다 저는 "지금 어렵고 힘들지만 그래도 포기하지 않고 계속 시도하는 네 모습이 정말 멋지다. 이 과정을 통해 분명히 배우는 게 있을 거야."라고 격려해 주었죠.

끊임없는 연습으로 다음을 기약하는 태도, 이것이 바로 성장 마인드셋의 핵심이 아닐까요? 아이가 스스로 문제를 해결하고, 실패를 통해 배우는 경험을 할 수 있도록 기다려 주고 지지해 주는 것이야말로 가장 값진 교육이죠.

때로는 아이가 실수하고 넘어지는 것을 지켜보는 것이 부모에게는 마음

아플 수 있지만, 그 순간의 좌절을 통해 아이는 회복 탄력성을 배우고, 다음번에는 더 나은 방법을 찾아낼 수 있는 지혜를 얻게 된답니다. '넘어져 봐야 일어서는 법을 안다'는 옛말처럼 아이들은 실패를 통해 더욱 단단해지고 성장하는 법을 배우잖아요.

수업에서도 마찬가지예요. 저는 학생들이 어려운 문제에 부딪혔을 때 바로 답을 알려 주질 않아요. 모르는 문제를 질문하면 가장 먼저 물어보는 말은 "어느 부분에서 막혔니?"예요. 다 막혔다고 하면 바로 알려 주지 않고, 문제를 다시 읽어 본 후 뭘 모르는지 확인해서 정확하게 표현하라고 합니다. 그다음 "어떤 방법으로 접근해 봤니? 어디가 막히는 것 같아? 네가 생각하는 다른 방법은 없을까?"라고 질문하며 스스로 해결책을 찾도록 유도한답니다.

처음에는 무조건 다 모르겠대요. 그러면서 답답해하고 어려워하는 학생들이 많지만, 스스로 고민하고 해결책을 찾아냈을 때의 성취감은 제가 답을 알려 주었을 때와는 비교할 수 없을 정도로 크다는 것을 알고 있어요. 이는 아이들이 지식을 단순히 습득하는 것을 넘어, 문제 해결 능력과 비판적 사고력을 키우는 데 필수적인 과정이라고 생각해요. 아이들이 실패를 두려워하지 않고 끊임없이 도전하며 성장할 수 있도록, 부모와 교사는 든든한 버팀목이 되어 주어야 한다는 것을 늘 마음속에 새기고 있어야 해요.

이 세상에 처음부터 스스로 알아서 잘하는 아이가 존재한다 하더라도 그 아이가 우리 아이일 가능성은? 말 안 해도 답은 나오죠. 우리 아이가 그렇게 하면 정말 좋겠지만 그런 일은 상상 속에 존재하죠. 그럼 우리 부모는 어떻게 해야 할까요?

아이가 자신의 학습 스타일을 이해하고, 스스로 동기를 부여하며 효과적인 학습 전략을 개발할 수 있는 시간을 줘야 해요. 경험할 수 있는 기회 말이에요. 부모가 자녀에게 줄 수 있는 가장 큰 선물은 '기회'라고 생각해요. 단순히 학원에 보내고 문제집을 풀게 하는 것을 넘어 아이가 스스로 탐색하고, 선택하고, 때로는 실패할 수 있는 기회를 주는 것이죠. 이 '기회'라는 선물은 아이가 자기 주도성을 키우고, 내면의 호기심을 따라 배우는 즐거움을 발견하는 데 결정적인 역할을 해요.

저희 집 막내는 꿈이 요리사입니다. 아직 유치원을 다니는데 꿈이 확고해요. 엄마 옆에서 요리하는 것을 즐기더니 어느 순간부터는 자기 스스로 여러 재료와 소스를 섞어서 자기만의 메뉴 만드는 것을 좋아해요. 케첩과 마요네즈를 섞어 보고, 우유에 초코 과자 부스러기를 넣어서 얼리는 등 여러 가지 시도를 해본답니다. 어른들이 볼 때는 어린아이 장난처럼 보일 때도 있죠. 소꿉놀이처럼요. 하지만 아이의 표정은 세상 누구의 어느 순간보다 진지하답니다.

요리가 끝나면 엄마, 아빠에게 먹어 보라고 해요. 그리고 반응을 기다리죠. 자기가 기대했던 반응이 나오면 이루 말할 수 없을 정도로 뿌듯해하는 표정을 지어요. 가끔 자기가 기대했던 맛이 안 나오면 엄마에게 물어보기도 한답니다.

엄마는 "이걸 더 넣으면 어떻게 될까?", "왜 이런 맛이 나왔을까?" 하고 질문을 던지며 조언을 해주었죠. 그 과정에서 아이는 실패를 통해 배우고, 다시 시도하며 문제 해결 능력을 키웠어요. 실패해도 "아, 이게 이렇게 되는구나!" 하며 새로운 사실을 깨닫는 눈빛을 보면, 그 어떤 교과서보다 값진 배움을 얻고 있다는 걸 느낄 수 있었어요.

둘째는 여느 여자아이들처럼 그림 그리기를 매우 좋아해요. 저에게 와서 "아빠, 뭘 그릴까?" 물어보죠. 처음에는 제가 "이 꽃을 그려 볼까?" 하고 주제를 정해 주거나, "이 색깔로 칠하는 게 더 예쁘겠다" 하고 조언을 하기도 했어요. 그런데 어느 날, 제가 아무 말 없이 흰 스케치북과 다양한 색깔의 도구들만 주었더니, 아이가 훨씬 더 몰입하고 즐거워하는 거예요. 어떤 색깔을 쓸지, 어떤 주제로 그릴지, 어떤 방식으로 표현할지 스스로 정하도록 했더니, 아이의 상상력이 폭발하는 것을 보았답니다. 때로는 알 수 없는 추상화가 나오기도 하고, 때로는 기발한 캐릭터가 탄생하기도 했죠.

아이는 자신의 그림에 대해 제가 '잘 그렸다'고 칭찬하는 것보다, "이 그림은 어떤 이야기야?", "이 색깔은 왜 사용했어?" 하고 물어봐 줄 때 더 신나서 설명을 해주더라고요. 스스로 선택하고 표현하는 기회를 주었을 때, 아이는 단순한 그림 그리기에서 벗어나 자신만의 스토리를 만들어내고, 창의력을 발휘하는 모습을 봤어요.

우리 아이들에게 도전할 수 있는 기회, 포기할 수 있는 기회처럼 스스로 해볼 수 있는 기회를 주세요. 실패하면 새로운 경험을 했다고 축하해 줄 수 있는 분위기를 만들어야 한다고 하잖아요. 아이들은 도전하는 과정에서 자신만의 길을 찾아가는 법을 배우고, 내면의 힘을 키워 나갈 수 있

어요.

예를 들어, 아이가 어떤 활동에 흥미를 보인다면, 그것이 당장 성적과 연결되지 않더라도 할 시간을 충분히 줘 보세요. 그 과정에서 아이는 숨겨진 재능을 발견하거나, 문제 해결 능력을 기르거나, 혹은 단순한 호기심이 깊은 지식으로 발전하는 경험을 할 수 있어요. 부모가 아이의 길을 미리 정해 주기보다는, 아이 스스로 길을 찾아갈 수 있도록 다양한 선택지를 열어 줘야 해요. 그리고 그 안에서 아이가 선택하게 지지해 줘야 합니다. 그 길을 걷는 동안 든든한 동반자가 되어 주는 것, 그것이 바로 우리 부모가 아이에게 줄 수 있는 최고의 기회라고 저는 믿어요.

저 역시 완벽한 부모가 아닙니다. 세 아이를 키우며 부족한 점도 많았고 시행착오도 셀 수 없이 겪었지요. 물론 지금도 시행착오는 진행 중이고, 이 글을 쓰고 있는 오늘도 후회하는 일이 있었어요. 때로는 예상치 못한 아이들의 반응에 당황하거나, 저의 한계를 느끼면서 늘 저를 아프게 한답니다. 하지만 이 모든 과정이 저를 한 인간으로서, 그리고 부모로서 성장시켰고, 아이들과의 관계를 더욱 단단하게 만들었어요. 오늘 실패하면 어때요. 실패를 통해 배우고, 내일 다시 일어서는 모습을 아이들에게 직접 보여주는 것이야말로 제가 아이들에게 줄 수 있는 가장 큰 가르침이라고 생각하거든요.

제가 동영상 대본을 쓰고, 카드뉴스를 만들고, 수학 개념을 정리하는 모습을 아이들이 자주 봐요. "아빠는 왜 맨날 공부하고, 컴퓨터로 뭘 만들어요?" 하고 묻기도 해요. 특히 첫째는 제 SNS 팔로워와 동영상 채널 구독자 수에 매우 관심이 많아요. 아빠가 이번에는 어떤 영상을 만들었는지, 어떤 카드뉴스를 올렸는지 물어봐요. 그리고 둘째는 아빠가 수학 문제를 풀고 있으면 와서 쳐다보고 있어요. 무슨 문제인지, 몇 학년 때 배우는지 등을 물어보면서요. 아빠는 문제 풀지 않아도 다 아는 것 아니냐면서요. 또 제가 수업 연구를 위해 인터넷 강의를 보고 있으면 선생님이 왜 수업을 듣느냐고 물어요. 그때 저는 "아빠도 학생들에게 더 좋은 걸 가르쳐 주려면 계속 공부해야 해. 세상은 계속 바뀌고, 아빠도 모르는 게 아직 너무 많아."라고 말해 줘요. 이렇게 배우는 즐거움과 노력의 가치를 보여주려고 한답니다. 열심히 만든 영상의 조회수가 안 나오면 새로운 콘텐츠를 기획하고 만들면서 겪는 어려움과 그것을 극복해 나가는 과정을 아이들에게 솔직하게 이야기해 주는 것만으로도 아이들은 '노력의 가치'와 '좌절을 이겨내는 법'을 자연스럽게 배울 수 있답니다. 다시 분석하고 개선점을 찾아 다음 콘텐츠를 준비하는 과정을 아이들에게 보여주면, 아이들은 '아빠도 힘들 때가 있지만, 포기하지 않고 다시 도전하는구나' 하고 느끼죠. 다양한 경험과 꾸준한 습관, 그리고 아이가 스스로 공부하는 힘을 기르는 데 집중한 것이 결국 아이의 성장에 가장 큰 밑거름이 되었음을 확신해요.

저는 아이에게 단순히 지식을 전달하는 것을 넘어, 세상을 살아가는 지혜와 태도를 가르쳐 주고 싶어요. 그것은 부모가 솔선수범하여 보여주는 삶의 태도, 즉 끊임없이 배우고 도전하며, 실패를 두려워하지 않는 모습을 통해 가능하다고 믿어요. 말보다 행동, 진솔한 부모의 삶이야말로 아이에게 가장 강력하고 지속적인 가르침이에요.

물론 모든 아이가 다르기에 이 방법이 옳다고만 할 수는 없어요. 한 부모에게 나왔고, 같은 가정환경에서 살고 있지만 첫째, 둘째, 셋째 모두 성향과 관심사가 달라서 각자에게 맞는 교육 방식과 접근법을 찾아 주어야 했지요. 이처럼 다른 아이에게 맞는 방법이 우리 아이에게 딱 맞을 수는 없거든요. 우리 아이에게 맞는 방법을 찾는 것이 가장 중요해요. 아이들은 부모의 말을 듣는 것이 아니라 부모가 살아가는 모습을 보고 배워요. 부모가 자신을 사랑하고, 자신의 삶에 열정을 가지고 노력하는 모습을 보여주는 것만으로도 아이들은 큰 영감과 동기를 얻을 수 있어요.

2장

우리 집 공부 루틴 만들기

...

습관·도구·환경을 바꾸는 작지만 강력한 방법들

플래너로 계획 세우는 아이 만들기
정예슬

올해 5학년, 3학년이 된 두 아들과 매일 아침 꾸준히 하는 게 있어요. 바로 '플래너 쓰기'예요. 어른도 쓰다 말기를 반복하는 플래너를 두 아들과 몇 년 동안 꾸준히 하는 이유와 그 방법이 궁금하실 거예요. 먼저 왜 플래너를 써야 하는지 이유부터 차근차근 말씀드릴게요.

"할 거 다 하고 노는 거니?"

어느 날 놀이터에서 신나게 노는 아들에게 다그치듯 묻고 있는데 옆을 지나가던 아들 친구가 그 모습을 보고 말하더라고요.

"우아, 우리 엄마인 줄. 저희 엄마도 맨날 할 거 다 하고 노냐고 물어봐요!"

저는 아이의 천진난만한 말에 그 자리에서 폭소를 터뜨리고 말았어요.

"푸하하. 너희 엄마도 그러셔? 그러게 할 거 좀 다 하고 놀면 안 되겠니?"

그런데 놀라운 일은 지금부터 벌어져요. 예전엔 투덜거리며 저를 따라 집에 들어왔을 아들이 아주 당당하게 말하더라고요.

"엄마! 저 영어 낭독이랑 독서만 하면 돼서 1시간만 놀고 들어갈게요. 영어 낭독은 10분도 안 걸리고 책은 30분 읽으면 되니까 들어가서 저녁 먹고도 충분히 다 할 수 있어요."

저희 아들은 1시간을 놀 수 있었을까요? 그럼요. 1시간 동안 자전거를 타고 술래잡기를 하며 땀나게 놀고 와서 샤워도 하고 본인 말대로 저녁을 먹은 뒤 할 일을 모두 해냈답니다. 열심히 플래너를 쓴 노력이 빛을 발하는 순간이었어요.

플래너를 쓰는 이유 첫 번째는 위와 같이 '스스로 무엇을 해야 하는지 분명하게 알 수 있다'는 거예요. 우리 가족은 되도록 아침에 일어나자마자 거실 책상에 모여 플래너를 씁니다. 해야 할 과제물뿐만 아니라 가야 하는 학원까지 쓴 다음 틈새 시간을 확인해요. 할 일을 다 하면 체크 표시를 하며 무엇을 더 해야 하는지 알 수 있어요.

물론 처음부터 체크리스트 형식으로 플래너를 썼던 건 아니에요. 가장 먼저 했던 방식은 한두 가지 목표를 정해서 스티커를 붙여 습관을 만드는 연습을 하는 것이었어요. 스티커를 붙이는 활동은 미취학 아동일 때부터 충분히 할 수 있는 형태예요. 좋아하는 스탬프를 찍게 해도 좋아요. 이렇게 놀이처럼 시작해서 목표 습관을 점점 늘려나갑니다. 이후 글씨 쓰기를 할 수 있게 되면 체크리스트 형태로 바꿔볼 수 있습니다. 만약 반복해서 쓰는 글씨 쓰기가 번거롭다면 시중에 파는 체크리스트를 활용해도 좋아요.

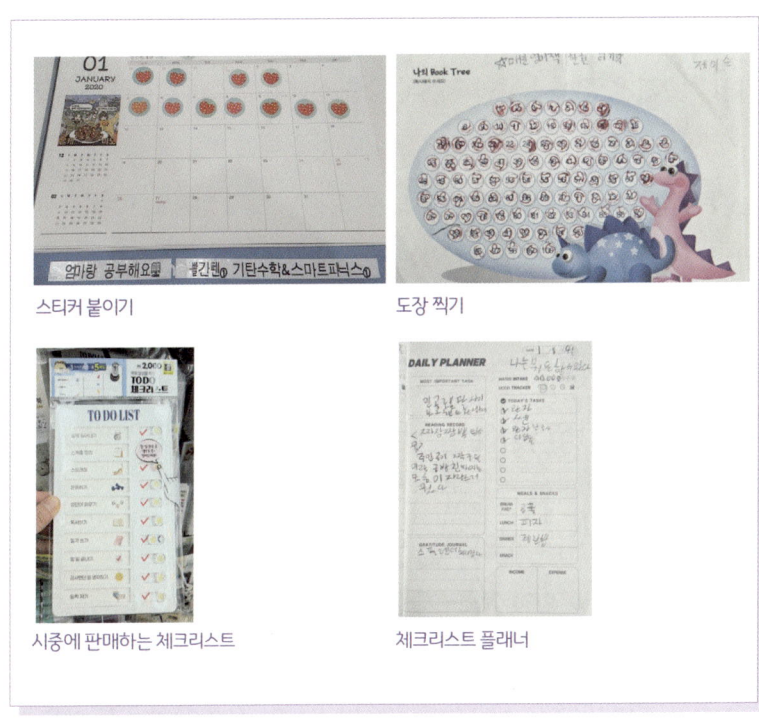

무조건 쉽고 가볍게 시작하는 것이 중요합니다.

또 플래너를 쓰는 두 번째 이유는 '메타인지'를 키워 주기 때문이에요. 메타인지란 자신의 생각, 이해, 학습을 스스로 조절하는 능력입니다. 생각을 생각하는 능력으로 내가 무엇을 알고 모르는지, 혹은 무엇을 할 수 있고 할 수 없는지를 파악하는 능력이지요. 공부를 잘하는 아이들은 공통적으로 이 메타인지 능력이 특히 높다는 PISA(국제학업성취도 평가) 연구 결과가 있어요. 메타인지가 낮은 아이들은 틀린 문제를 보고도 '실수했네.'라며 넘어가 버리지만 메타인지가 높은 아이들은 '이 부분에서 이해가 부족하니까 다시 복습해야 해. 이 문제는 확실히 알고 있는데 이 부분에서 계산 실수가 있었어.'와 같이 자신의 학습 상태를 스스로 점검하고 조절할 수 있어요. 그런데 플래너를 쓰면 오늘 무엇을 해야 하는지 살피고, 다 했는지 부족한 부분은 없는지 돌아보는 습관을 갖게 되지요. 이런 습관이 쌓이면 메타인지가 발달되고 공부도 잘하게 되는 것입니다.

마지막으로 플래너를 쓰면 '나는 해내는 사람'이라는 자신감을 갖게 되어요. '와! 내가 이렇게 꾸준히 기록을 했네.' 플래너를 1권 다 쓰는 것 자체로도 성취감을 가지게 되지요. 또 꾸준히 무언가를 하고 있고, 매일 완료하는 경험을 쌓아가는 것도 매우 큰 성취감을 줍니다. 매일의 작은 성취가 큰 자신감으로 바뀌게 되죠.

플래너는 단순히 일일 계획표를 기록하는 곳이 아니라 '나의 성장 기록장'으로 멋진 포트폴리오가 됩니다. 처음부터 1년짜리 두꺼운 플래너를 사기보다 한 달짜리 혹은 A4 1장에 1주일이나 10일, 보름 단위의 할 일을 계

목표 달력 플래너

획하고 체크해 보는 것도 좋아요. 여러 가지 목표를 한꺼번에 해내기 힘들다면 단 한 가지 목표부터 시작해도 좋습니다.

다음으로 플래너 쓰는 방법에 대해 말씀드릴게요. 플래너 양식에 따라 쓰는 방법이 다르겠지만 크게 도장을 찍거나 스티커를 붙이는 '목표 달력'과 해야 할 일을 적고 체크 표시를 해 가는 '체크리스트'로 구분할 수 있어요. 사진처럼 목표 달력을 활용하면 좋은 점은 언제 무엇을 했고, 하지 못했는지 한눈에 알 수 있어요. 이렇게 구멍이 뽕뽕 뚫려도 괜찮아요. 매일 할 수 있는 만큼 최선을 다하는 태도를 칭찬해 주세요.

또 해야 할 과업뿐 아니라 하고 싶은 일도 함께 적도록 해주세요. 어른이 되어서도 일하는 건 열심히 하는데 생각보다 휴식을 놓치는 사람이 많아요. 일과 휴식의 균형을 맞추고 스트레스를 관리하는 것이 참 중요하더라고요. 또 휴대전화 게임이나 동영상 시청만 휴식이 아니라는 사실을 알려주는 것도 필요합니다. 녹색 식물을 보며 멍때리거나 몸을 편안하게 눕혀 스트레칭을 하는 등 다양한 방식의 휴식 방법을 알려 주세요.

마지막으로 처음 플래너를 쓰기 시작하는 아이라면 적절한 보상도 함께 주면 좋습니다. 저는 저학년일 때는 하트 스탬프 하나당 10원을 줬어요. 따로 용돈이 있기 때문에 공부하는 활동에 대한 보상은 성과급 개념으로 계산했거든요. 공부는 노동이 아니라고 생각하신다면 패스하셔도 됩니다.

자녀와 함께 예시를 참고하여 플래너 작성을 위한 10계명을 적어 보세요. 무슨 일을 시작할 때 일방적인 강요보다 함께 필요성을 이해하고 규칙을 세우는 게 장기적으로 좋답니다.

초등 플래너 작성 10계명

1) 하루 한 번, 플래너를 펼치자!
   - ☞ 쓰는 습관이 쌓이면 힘이 생겨요.
2) 할 일은 너무 많지 않게, 딱 OO개만!
   - ☞ 간단하게 시작하고, 할 수 있는 만큼 계획해요.
3) 하고 싶은 일도 꼭 적어요.
   - ☞ 공부뿐 아니라 놀이와 쉼도 중요해요.
4) 계획이 바뀌어도 괜찮아요.
   - ☞ 다음 날 다시 시작하면 돼요.
5) 완벽함보다 '실천'을 기념해요.
   - ☞ 완벽하게 다 했는지보다 '시도' 자체를 칭찬해요.
6) 기분도 함께 기록해요.
   - ☞ 자신의 감정을 아는 건 중요해요.
7) 시간 감각을 키워요.
   - ☞ '15분쯤 걸리려나?' 질문하고 살펴봐요.
8) 하루 한 줄, 하루 한 개도 괜찮아요.
   - ☞ 중요한 건 매일 꾸준히 쓰는 거예요.
9) 가족과 함께 플래너를 보며 대화해요.
   - ☞ 주 1회 정도 내가 쓴 기록을 함께 돌아봐요.
10) 내 삶의 주인으로 자라가요.
    - ☞ 내가 계획하고, 내가 실천하는 연습이에요.

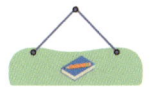

필기, 쓰며 이해하는 공부로 전환하다
박현수

그날도 여느 때와 다르지 않았어요. 바쁜 하루 일과를 마치고 저녁 식사 후, 아이는 그날 해야 할 공부인 사회 문제집을 풀고 있었어요. 그리고 얼마 뒤 드디어 문제집을 덮으며 후련한 표정으로 제게 말했어요.

"엄마, 저 오늘 공부할 것 다 했어요!"

해맑은 얼굴로 외치는 그 한마디에 제 머릿속에 여러 생각이 스쳐 지나갔어요.

'이렇게 정해진 분량을 스스로 끝내다니, 정말 기특하네! 그런데 문제만 풀고 넘어갔는데 정말 다 안다고 할 수 있을까?'

엄마의 마음과 교사의 마음이 동시에 툭 튀어나오는 순간이었죠. 교사의 마음이 먼저 고개를 드는 건 어쩔 수 없었나 봅니다. 눈으로 글자를 훑고 정해진 답을 찾는 문제 풀이만으로는 진짜 지식을 소화하기 어렵다는 걸 너무나 잘 알고 있었으니까요. 그렇다고 아이의 성취감을 꺾고 싶지는 않았어요. 그래서 다정한 목소리로 웃으며 빈 노트 한 권을 내밀었지요.

"우아, 우리 아들 약속한 거 다 끝냈다니 대단해! 그러면 이거 한번 해볼까? 이 노트에 오늘 공부한 내용을 보지 않고 적어 보는 거야."

제 제안에 아이는 잠시 머뭇거렸어요. 얼굴에 당혹감이 스치는 것 같기도 했죠. 분명히 문제집도 다 풀었고, 다 안다고 생각했는데 막상 하얀 노트를 마주하니 머릿속까지 하얘지는 그 느낌. 사실 저도 공부할 때 이런 느낌을 받아 봤기에 아이의 마음이 어떨지 짐작이 갔어요.

바로 이 지점이었어요. 제가 아이와 함께 넘어야 할 산이 무엇인지 분명히 본 순간이었죠. 이것은 성실함이나 암기력의 문제가 아니었거든요. 머릿속에 들어온 정보를 꺼내고 연결하고, 진짜 내 것으로 만드는 방법을 찾아야 했어요.

그날이 백지 노트 공부의 본격적인 시작점이 된 것은 맞지만 사실 그 여정은 훨씬 이전부터 시작되었답니다. 연필, 노트와 친해지며 쓰기 근력을 키우던 어린 시절부터 배운 내용을 자신만의 언어로 재구성하며 정리하는 노트 필기를 거쳐 마침내 진짜 앎을 확인하는 백지 노트까지 왔거든요. 이 모든 과정은 서로 단단하게 연결되어 있고요.

지금부터 그 이야기를 조금씩 풀어 보려 해요. 교사로서 알고 있던 공부의 힘을 엄마로서 아이와 함께 실천하며 다시 새롭게 배워 갔던 시간. 쓰면서 배우는 공부의 여정입니다.

모든 공부의 기초 공사, 쓰기 근력을 기릅니다

"선생님, 우리 아이는 글씨 쓰는 걸 너무 싫어해요.", "글씨 쓰기 교재를 펼치기만 하면 하기 싫대요." 부모님들을 만나면 많이 듣는 이야기 중 하나예요. 실제로 학교에서도 글씨 쓰기를 힘들어하는 아이들을 자주 볼 수 있고요.

한글을 일찍 떼고 또박또박 글씨를 잘 쓰는 아이를 보면 부러운 마음이 드는 게 당연해요. 하지만 저는 저희 아이가 학교에 입학하기 전에 스스로 한 가지 약속을 했어요. '글자를 가르치기 전에, 쓰기 자체를 즐겁게 만들어 주자!'고요.

건물을 지을 때 기초 공사가 중요하잖아요. 공부도 마찬가지로 튼튼한 기초 공사가 필요해요. 아이의 평생 공부 그릇을 단단하게 만들어 줄 기초 공사가 바로 쓰기 근력을 기르는 일이죠. 쓰기 근력이 뭐냐고요? 말 그대로 글을 쓸 수 있는 손의 힘과 뇌의 힘을 말해요. 이 근력이 부족한 아이에게 무작정 노트 필기를 강요하는 건 이제 막 걷기 시작한 아이에게 달리기를 하라는 것과 같아요. 아이는 금방 지치고 결국 달리기를 싫어하게 되겠죠. 그래서 아이가 어렸을 때 저는 몇 가지 원칙을 세웠는데요.

첫 번째 원칙, 의식적으로 '지적', '평가'를 배제하자! 아이가 유치원에서 달을 주제로 활동할 때 집에 오더니 삐뚤빼뚤한 글씨로 칠판에 '초슬달'이라고 쓰는 거예요. '아들, 이건 '초슬달'이 아니라 '초승달'이야. ㅇ받침을 써야지.'라고 말하고 싶었지만 꾹 참았어요. 대신 활짝 웃으면서 "우아, 유치원에서 달에 대해 배웠구나! 이걸 쓰다니 대단한데!" 하고 말했어요.

칭찬과 인정을 받은 아이는 쓰기에 대한 자신감을 얻어요. 맞춤법을 잘못 쓴 글자는 나중에 교정하면 되지만, 쓰기란 것 지적받는 지루한 일이라는 부정적인 감정이 한번 자리 잡으면 그걸 되돌리기 정말 어렵거든요. 그래서 어렸을 땐 아이가 쓰려는 노력에 박수를 쳐 주는 열혈 팬이 되어 주는 게 좋아요.

두 번째 원칙, **다양한 활동으로 쓰기 근력을 기르자!** 쓰기 근력을 갖추려면 손의 힘을 길러야 해요. 하지만 그게 전부는 아니랍니다. 눈으로 보고(관찰력), 머리로 생각하고(사고력), 그것을 손으로 표현하는(표현력) 모든 과정이 연결되어야 하죠. 그래서 저는 아이와 함께 눈과 손과 뇌를 동시에 쓰는 다양한 활동을 하려고 했어요. 그중 한 가지 활동을 알려드릴게요.

바로 종합장 활동이에요. 종합장에 글씨도 쓰고 그림도 그리고 색종이 조각을 붙이기도 하며 다채로운 활동을 했답니다. 어느 날은 딸기와 관련된 그림책을 읽고 딸기를 관찰한 뒤 종합장에 써 보기도 했어요. 아이와 딸기를 관찰하며 이야기를 나누었어요. "딸기는 무슨 색이야?", "딸기 냄새 맡아 보니까 어때?" 이런 대화를 주고받으니 아이는 딸기에 집중했고, 그 느낌을 자기 말로 표현하기 시작했어요. 그리고 그 말을 종합장에 옮겨 적었어요. 문장으로 쓰는 게 서툴렀던 시기라 '빨간색', '축축', '달콤' 하고 적었지만 그건 중요하지 않았어요. 쓰는 경험이 더 중요했으니까요.

세 번째 원칙, **서서히, 그리고 꾸준히 친해지자!** 어렸을 때 무엇보다 중요하게 생각한 것은 속도였어요. 아이가 흥미를 보일 때 한 걸음 나아가고, 힘들어하면 반걸음 물러섰죠. 어느 날은 아이가 직접 겪은 일을 말로 풀어 놓기에 "그럼 그중에서 하나만 짧게 써 볼까?" 하고 제안했어요. 억지로 일기를 쓰라고 하지 않아도, 자기 이야기를 다시 꺼내 적는 일은 그리 어렵게 느껴지지 않았던 것 같아요.

아이가 늘 글을 쓰고 싶다고 했을까요? 당연히 아니죠. 어떤 날은 쓰기 싫다고 하기도 했어요. 그럴 땐 "그래, 오늘은 엄마가 써 줄게. 말로 해볼까?" 하며 펜을 들었어요. 아이와 이야기를 나누며, 저는 그 말을 아이가 읽기 좋은 문장으로 적었죠. 이렇게 쓴 문장을 아이와 함께 소리 내어 읽어 보기도 했답니다. 아이가 직접 글을 쓴 건 아니었지만 무엇을 쓸지 생각하고, 그 생각이 글이 되는 과정을 본 것만으로도 충분히 의미 있는 시간이었어요.

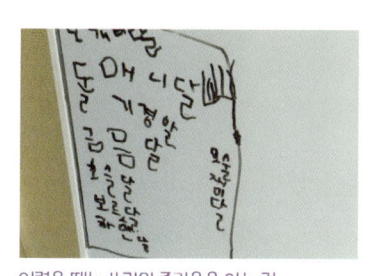

어렸을 때는 쓰기의 즐거움을 아는 걸 우선순위에 놓았어요!

그림책을 읽고 종합장 활동을 했어요!

복습 노트, 지식을 내 것으로 만듭니다

아이가 초등학교 중학년이 되면서부터는 단순히 글자 쓰는 연습을 넘어서 본격적으로 배운 내용을 정리하는 쓰기 공부를 함께 해봤어요. 학교 수업 시간에 배운 지식이 그냥 흘러가지 않고, 제대로 자리 잡도록 도와주고 싶었거든요.

이건 많은 부모님의 고민이기도 할 거예요. 아이가 학교와 학원에서 정말 많은 걸 배우는데 마치 밑 빠진 독에 물을 붓는 것처럼 남는 게 없는 것 같은 기분이 들죠. 소화되지 않은 음식이 영양분이 될 수 없듯이 머릿속에서 정리되지 않은 지식은 내 것이 될 수 없어요. 그래서 저희는 공부한 내용을 정리하는 쓰기 공부를 시작했어요.

여기서 가장 중요한 원칙은 베껴 쓰기가 아닌 다시 쓰기, 즉 재구성이에요. 하지만 처음부터 내 말로 쓰려고 하면 막막할 수도 있죠. 그래서 저는 따라 쓰기부터 시작했어요. '그냥 베껴 쓰는 거 아냐?'라는 생각이 들 수도 있지만 그렇지 않아요. 어떤 내용을 따라 쓸지 선택하는 과정, 그리고 따라 쓴 걸 보고 함께 이야기를 나누는 과정이 의미 있거든요. 그래서 아이와 함께 개념 노트를 쓰기 시작했습니다.

먼저 정리할 개념을 선택하고 그 이름을 썼어요. 그리고 그 뜻을 따라 썼죠. 교과서나 책에서 설명해 주는 말을 따라 쓴 거예요. 이렇게 한 뒤 그 개념을 더 확장하는 활동을 했어요. 개념과 관련된 말을 찾아서 마인드맵을 그리기도 하고, 개념을 머릿속에 떠올릴 때 생각 나는 그림을 그려 보기도 하고, 개념을 넣어 문장을 만들어 보기도 했죠.

이런 과정은 단순히 지식을 외우는 데서 그치는 게 아니라, 아이가 자기 생각과 연결할 수 있는 기회를 주었어요. 이렇게 한 장 한 장 쌓아 올린 개념 노트는 아이가 공부한 내용을 스스로 정리하고 설명할 수 있는 토대가 되어 주었답니다. 개념 노트를 통해 하나의 개념을 꼼꼼히 들여다보는 데 익숙해졌다면, 이제는 나무들이 모여 이룬 숲을 살펴보는 연습을 할 시간이에요. 바로 구조화 복습 노트를 통해서 말이죠.

많은 아이들이 교과서를 열심히 읽고도 "그래서 여기에서 제일 중요한 게 뭐야?"라고 물으면 선뜻 대답하지 못합니다. 교과서 속 수많은 정보 속에서 길을 잃기 때문이죠. 각각의 나무는 보았지만 숲의 모양이나 길의 흐름은 파악하지 못한 상태와 같습니다.

구조화 복습 노트는 숲의 지도를 아이가 직접 그려 보는 활동입니다. 교과서 대단원과 소단원 제목을 살펴보고, 그 안에 있는 개념, 그리고 그 개념을 설명하는 내용을 따라가며 써 보는 거예요. 그러면 이걸 어떻게 했는지 조금 더 자세히 알려드릴게요.

저는 처음부터 본문을 읽고 정리하자고 하지 않았어요. 먼저 교과서의 목차를 살펴봤죠. 아이와 함께 대단원과 소단원의 제목을 보며 노트에 적어 보기도 했어요. 이렇게 제목만 옮겨 적어도 아이는 앞으로 무엇을 배울지, 이 단원이 총 몇 개의 덩어리로 이루어져 있는지 한눈에 파악할 수 있게 돼요. 이것이 바로 우리가 채워 넣을 지식의 뼈대가 되는 거예요.

뼈대를 세웠으니 복습할 부분의 본문을 읽으며 살을 붙여야겠죠? 우선 학습 문제(학습 목표)를 먼저 파악해요. 그 시간에 무엇을 배우는지, 무엇이 중요한지 명확히 알려 주는 부분이거든요. 그리고 교과서를 읽습니다. 이때는 한 번에 너무 많은 양을 읽지 않아요. 한 문단씩 끊어 읽거나 그 문단이 말하는 내용이 어렵게 느껴지면 문장을 꼭꼭 씹어 읽었어요. 교과서를 다 읽은 뒤 어떤 내용을 정리해야 할지 이야기 나누고, 그 내용을 스스로 설명하는 시간을 가집니다. 그다음 이야기 나눈 걸 바탕으로 노트를 채워 나가는 거예요.

노트를 정리할 때 정보들 간의 관계를 표현하는 것도 중요해요. '원인과 결과', '시간의 흐름에 따른 전개'는 화살표(→)로 연결해서 정리할 수 있죠. '상위 개념과 하위 개념'이 잘 나타나게 생각그물 형식의 개념맵으로 정리할 수도 있고요.

처음엔 노트를 정리하는 게 어렵고 번거롭다고 느껴질 수도 있어요. 하지만 한 단원, 두 단원 지나면서 아이는 복습 노트가 단순히 내용을 옮겨 적는 게 아니라, 지식을 자기 머릿속에서 다시 조립해 보는 시간이라는 걸 알게 될 거예요. 그리고 그 경험이 쌓이면 새로운 정보를 만났을 때 자신감을 갖고 분석할 힘을 얻게 될 테고요. 하지만 이게 전부는 아니에요. 이 노트를 보지 않고도 이걸 설명할 수 있는지 확인해 봐야겠죠. 그 최종 관문이 바로 '백지 노트'랍니다.

백지 노트, 진짜 공부를 했는지 스스로 확인합니다

자, 이제 아이의 손에는 정성껏 만든 개념 노트 혹은 구조화 노트가 들려 있을 거예요. 알록달록한 색깔 펜과 그림, 기호들로 가득한 나만의 노트를 보고 있으면, 마치 그 모든 지식이 내 머릿속에 다 들어온 것 같은 뿌듯함과 자신감이 느껴지기도 하죠.

하지만 바로 이때가 가장 위험한 순간일 수 있어요. '안다는 착각'에 빠지기 쉬운 순간이거든요. 잘 정리된 노트를 눈으로 훑어보는 건 이미 정답이 쓰인 시험지를 보는 것과 같아요. 아는 것처럼 느껴지는데 막상 시험지를 가리고 다시 풀어 보라고 하면 막막해지는 거죠. 그래서 우리에겐 마지막 관문이 필요해요. 내가 진짜 아는 것과 안다고 착각하는 것을 스스로 구별하게 해주는 백지 노트입니다.

백지 노트를 쓰려고 처음 시도했을 때 아이는 당황했어요. 생각해 보니 누군가 저에게 "자, 이제 배운 거 안 보고 써 보자!"라고 하면 부담이 되겠더라고요. 그래서 저는 방식을 조금 바꾸었어요. 평가 시간이 아닌 즐거운 점검과 대화 시간이 될 수 있도록 말이죠.

처음부터 무작정 노트를 쓰지 않았어요. 백지 노트를 하기 전에 아이와 함께 분량을 정했죠. "오늘은 딱 이 두 쪽만, 이따가 백지 노트를 써 보는 거야!" 예고하는 거예요. 제가 제시한 분량이 너무 많다고 느껴질 때는 아이가 조금만 줄여 달라고 하기도 하는데요. 이때는 난이도, 시간 등 상황을 고려하여 조율합니다. 이렇게 분량을 정하면 아이는 그 부분을 공부할 때 '나중에 다시 꺼내 써야지'라는 목적을 갖고 훨씬 더 집중해서 보게 돼요. 수동적으로 읽는 것이 아니라 머릿속에 저장하기 위해 능동적으로 읽게 되는 거죠.

공부하는 시간이 끝나면 백지 노트를 쓸 시간이에요. 백지 노트라고 하

국회와 행정부를 공부한 뒤
백지 노트를 쓰고, 이야기를 나누었어요!

면 왠지 완전히 빈 종이를 줘야 할 것 같잖아요. 하지만 저는 그렇게 하지 않았어요. 대신 공부한 내용의 핵심 단어나 질문 몇 개를 제가 노트 왼쪽에 띄엄띄엄 써 주었어요. 이것은 부담스럽게만 느껴지는 백지 앞에서 길을 잃지 않도록 도와주는 역할을 해준답니다. 아이는 그 핵심 단어와 질문을 보며 아는 내용을 훨씬 더 쉽게 써 내려갈 수 있었어요.

 아이가 백지 노트를 다 채우면 함께 쓴 내용을 보며 대화를 했어요. 주로 아이가 쓴 내용 중에 틀린 내용이나 어려운 어휘, 어려운 데 쓰려고 노력한 부분을 보면서 이야기를 나누었어요. 어느 날은 국회와 행정부의 역할을 공부한 뒤 백지노트를 썼는데 예산, 국정 감사라는 말을 썼더라고요. 순간 그 뜻을 아이가 잘 알고 있는지 궁금한 거예요. 그래서 물어보기도 하고 이야기를 나누기도 했는데요. 이런 어려운 말은 한자의 뜻을 보면 좋아서 함께 살펴보고, 그와 관련된 내용을 백지노트에 색깔펜으로 메모해 놓기도 했답니다.

 백지 노트는 아이가 무엇을 외웠는지 확인하는 시험지에서 그치지 않았어요. 아이가 어렵게 꺼내놓은 지식의 조각을 바탕으로 그 뜻을 더 깊이 파고들어 보기도 하고, "왜 국회가 행정부를 감시해야 할까?" 같은 질문을 하며 생각을 더 넓히는 시간을 가지기도 했죠.

쓰기 근력을 기르는 활동부터 시작해 배운 것을 정리하는 노트 만들기를 거쳐, 마침내 진짜 앎을 확인하고 생각을 넓히는 백지 노트 쓰기에 이르기까지 이 모든 과정은 아이에게 무엇과도 바꿀 수 없는 스스로 공부하는 힘을 선물할 거예요. 정보를 검색하는 능력은 AI가 대체할 수 있어도 스스로 질문하고 생각을 구조화하며 자신만의 답을 찾아가는 힘은 대체할 수 없으니까요. 오늘 저녁, 아이와 함께 노트를 펼치고 쓰는 공부의 첫걸음을 시작해 보는 건 어떨까요?

디지털 도구, 교육의 조력자가 되다
박현수

저는 주로 노트와 필기도구를 사용하는 쓰기 공부의 중요성을 말해요. 손으로 쓰고 생각하며 다지는 아날로그 공부의 힘은 AI 시대에도 우리 아이들에게 가장 중요한 배움의 기초 체력이 되어 줄 테니까요. 하지만 디지털 환경에서 많은 일을 하게 될 아이에게 언제까지나 연필과 노트만을 고집할 수는 없는 노릇이죠. 인공지능이나 각종 디지털 도구를 가지고 결과물을 만들어내는 능력은 우리 아이들이 갖춰야 할 새로운 시대에 필요하니까요. 그래서 저는 아이에게 무조건 디지털 도구 사용 금지를 외치는 것 대신, 좋은 도구를 적절히 사용할 수 있도록 안내하는 가이드가 되어야겠다고 생각했어요.

게다가 부모 입장에서 디지털 도구는 유능한 교육 파트너가 되어 주기도 해요. 자녀 교육은 부모의 시간과 에너지를 온전히 쏟아야 하는 어렵고 고된 일이죠. 지금 내가 이렇게 하는 게 맞는지 고민이 될 때도 많고요. 스마트한 디지털 도구들은 이런 수고로움을 덜고 교육의 효율을 높여 주기도 한답니다.

지금부터 저희 집의 교육을 한결 수월하고 풍성하게 만들어 준 디지털 도구에 대해 알려드리려고 해요. 교육과 생각의 파트너가 되어 준 챗GPT, 아이의 자기주도 학습 습관을 만드는 데 도움을 준 다했니, 그리고 아이에게 시각적 표현의 즐거움을 알려 준 캔바까지. 저희 가족의 디지털 도구 활용 경험이 자녀 교육에 작은 힌트가 되기를 바랍니다.

챗GPT - 교육과 생각의 파트너

누구나 아이 교육에 대한 나름의 철학과 신념, 방식이 있을 거예요. 저도 마찬가지랍니다. 하지만 때로는 그것이 독단이나 낡은 방식이 될 수 있다는 걸 알기에, 늘 스스로 점검하려 노력하고 있어요. 챗GPT는 그런 저에게 '혹시 더 좋은 방법은 없을까?' 질문을 던지게 해주는 생각 파트너입니다. 아이 교육에 대한 고민이 생길 때마다 챗GPT를 교육 컨설턴트로 활용하는 거예요.

아이에게 무언가를 설명해야 할 때, 제 방식이 아이에게 잘 통하지 않으면 챗GPT에게 물어보기도 합니다. 추상적인 사회 개념을 설명해야 할 때 '초등학생 눈높이에 맞춰 설명해 줘'라고 요청하는 식이죠. 챗GPT가 제안하는 다채로운 비유와 설명 방식을 보면서, 제 생각의 틀을 깨고 아이에게

챗GPT를 통해 공부한 내용과 관련하여
집에서 할 수 있는 활동을 찾을 수 있어요!

공부 계획을 세울 때
챗GPT의 제안을 참고할 수 있어요!

더 효과적으로 다가갈 새로운 힌트를 얻습니다.

교과서 속 지식을 아이가 재미있게 익힐 수 있도록 도와주고 싶을 때도 챗GPT는 훌륭한 조력자가 돼요. 수학에서 넓이 공식만 외우려 할 때 챗GPT에게 물어볼 수 있죠. '넓이 개념을 아이가 공식이 아니라 놀이로 이해할 수 있도록, 집에서 할 수 있는 쉽고 재미있는 활동 아이디어를 줘.'라고 말이에요. 챗GPT가 제안한 '종이 타일 바닥놀이', '종이로 가구 덮기' 같은 여러 선택지를 참고하며, 집에서 쉽고 편하게 할 수 있으면서 아이가 흥미를 느낄 만한 활동으로 배움을 확장해 나갈 수 있어요.

아이의 공부 계획을 세울 때 챗GPT와 생각을 나누기도 해요. '이번 달에 사회 2단원을 마치려면 어떤 순서로 공부하면 좋을까?', '아이가 집에 돌아오면 오후 5시 정도 되는데, 이후 하루 공부 계획을 어떻게 짜면 좋을까?' 이런 질문을 던지면 챗GPT가 여러 아이디어를 제안해 주거든요. 챗GPT가 제안한 걸 바탕으로 아이의 학습 상황에 맞춰 세부 계획을 조율하기도 하고, 제가 놓치고 있던 걸 발견하며 더 좋은 공부 계획표를 만들기도 해요. 물론 계획을 실천하는 건 아이이니 아이의 이야기를 많이 들어 보는 게 더 중요하죠. 그래서 챗GPT의 제안을 그대로 따르기보다 우리 집만의 시간표를 만드는 데 참고 자료로 활용한답니다.

챗GPT와의 협업에서 가장 중요한 건 비판적으로 정보를 받아들이는 태도를 잃지 않는 거예요. 저 역시 챗GPT가 제안한 답변을 그대로 아이에게 전달하거나, 아이 공부에 적용하지 않아요. 그 내용이 사실인지, 아이 수준에 적절한지, 더 좋은 대안은 없는지 스스로 검증하는 과정을 거칩니다.

이처럼 챗GPT는 저의 교육적인 고민을 함께 나누고 생각의 폭을 넓혀 주는 든든한 파트너가 되어 줍니다. 덕분에 저는 제가 미처 못했던 부분을 고민하게 되고, 아이와의 배움을 더 다채롭고 풍성하게 만들 아이디어를 만들곤 하죠. AI를 가장 잘 활용하는 방법은 AI에게 의존하는 게 아니라, AI를 통해 부모인 내가 먼저 한 뼘 성장하는 것 아닐까요?

다했니 - 자기주도학습 습관을 만드는 학습 매니저

"공부 다 했니?"

"네."

"정말 다 했어? 한번 보자."

혹시 이런 대화가 집에서 반복되고 있지 않나요? 아이의 자율성을 믿어 주고 싶지만, 혹시나 하는 마음에 자꾸 확인하고 싶은 게 부모의 마음이죠. 그 마음이 아이에게는 잔소리나 불신처럼 느껴지면서 작은 전쟁으로 이어지기도 합니다.

저는 이러한 실랑이를 하고 싶지 않았어요. 아이를 의심하는 게 아니라 아이의 노력을 믿고 응원하고 싶었거든요. 그래서 저희는 새로운 학습 매니저를 고용하기로 했습니다. 바로 '다했니'라는 디지털 도구였어요.

'다했니'는 제가 교육 현장에서 아이들을 가르칠 때 사용해 봤어요. 아이들의 과제를 일일이 확인하고 소통하는 게 쉽지 않은데, '다했니'는 그 과정을 아주 간단하게 만들어 주었죠. 무엇보다 사진을 찍어서 올리거나 글을 쓰고, 댓글을 다는 간단한 방식이라 디지털 도구에 익숙하지 않은 저나 어린아이들이 사용하기에도 부담이 없다는 점이 마음에 들었답니다. 이미 교육 현장에서 효과와 편리함을 확인했기에 집공부에서 사용하기에도 좋겠다고 생각했죠.

저희 집의 규칙은 간단해요. 아이가 그날 하기로 약속한 공부를 마친 뒤, 직접 휴대전화로 결과물을 찍어 '다했니'에 올리는 거예요. '수학 문제집 2쪽 완료!' 같은 짧은 메모와 함께요. 이렇게 아이 스스로 공부했음을 증명하고, 저는 "다 했니?"라고 묻는 대신 아이가 보내오는 알림을 기다렸어요.

그런데 '다했니'의 진짜 힘은 피드백에 있어요. 아이가 과제 사진을 올리면 그 아래에 칭찬과 격려가 담긴 댓글을 달아 줄 수 있거든요. 이때 저는 몇 가지 원칙을 지키려 노력했어요.

우선 결과보다는 과정을 칭찬했어요. '어려운 문제도 포기하지 않고 끝까지 풀어낸 모습이 정말 멋졌어!'처럼요. 그리고 막연한 칭찬이 아니라, 잘한 점을 명확하게 짚어 주려고 애썼습니다. 그냥 '잘했어!'보다는 '독서 감상문에 쓸 내용을 잘 정리했더라.'와 같이 말이에요. 마지막으로 성장을 위한 제안을 살짝 덧붙이기도 했어요. '다음번엔 글에 어울리면서 창의적인 제목을 지어 보자.' 하고 긍정적으로 제안하는 식이었죠.

이런 칭찬과 격려는 얼굴을 보고 직접 해줄 수도 있어요. 하지만 바쁜 일과 중에 아이의 공부가 끝나는 시간에 맞춰 바로 피드백을 주기 어려울 때도 많죠. '다했니'를 사용하면 아이가 과제 올린 것을 확인하고, 제가 편한 시간에 어디서든 피드백을 작성할 수 있어요. 무엇보다도 아이의 공부 과정, 칭찬과 제안을 모두 기록으로 남길 수 있어서 좋답니다.

이것만으로도 충분히 좋았지만, 여기에 게임처럼 즐거운 요소를 하나 더 얹어 주기로 했어요. '다했니'는 과제를 올렸을 때 쿠키 보상을 줄 수 있거든요. 쿠키를 모으면 저희 가족만의 특별한 보상을 받기로 약속했죠.

이 쿠키의 가치를 특별하게 만드는 중요한 과정은 바로 가족 회의였어요. 쿠키 상점 메뉴 회의를 열어 다 함께 머리를 맞대고 쿠키 메뉴판을 만들었죠. 예를 들어, 쿠키 100개를 모으면 아이가 좋아하는 음식점 가기, 200개를 모으면 호텔에서 조식 먹기, 쿠키 300개를 모으면 호캉스 즐기기와 같은 식으로요.

이렇게 보상을 함께 정하니 아이는 훨씬 더 주도적으로 쿠키 모으기에 참여했어요. 이 모든 보상이 가족과 함께하는 경험이라는 점이 뜻깊기도 했답니다. 아이는 자신의 성실한 노력이 가족 모두의 즐거운 추억을 만드는 데 쓰인다는 걸 알았고, 이 과정을 통해 가족의 일원으로서 책임감과 소속감을 함께 키울 수 있었어요.

만약 이런 디지털 도구 없이 말로만 하는 약속과 칭찬에만 의지했다면 어땠을까요? 아마 아이의 노력은 그 순간의 칭찬과 함께 흩어져 버리고, 얼마나 성장했는지 한눈에 확인하기 어려웠을 거예요. 물론 아이의 모든 공부 결과물을 차곡차곡 모아둘 수도 없었을 거예요. 모든 교재와 학습지를 전부 보관하기 힘들뿐더러, 피드백을 글로 남겨 주기란 쉽지 않았을 거예요. 이럴 때 스마트한 도구가 도움을 주는 거죠. 디지털 도구가 노력의 과정을 눈에 보이게 만들어 주고, 자기주도학습을 할 수 있는 길로 나아가게 해줄 수도 있답니다.

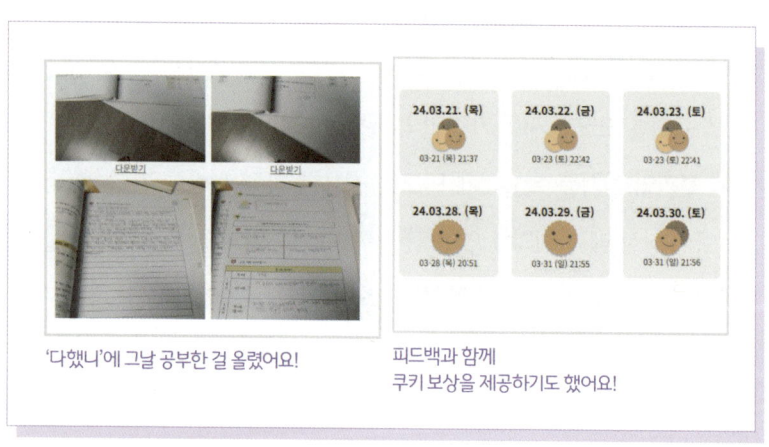

'다했니'에 그날 공부한 걸 올렸어요!

피드백과 함께 쿠키 보상을 제공하기도 했어요!

캔바 - 우리 가족의 디지털 스케치북

아이들을 가르치다 보면 활동지를 나눠 주거나 교실에 무언가를 게시해야 할 때가 많아요. 근데 글만 빽빽한 종이는 아이들의 시선을 끌기 어렵죠. 그렇다고 매번 디자인에 시간과 노력을 들이기도 힘들고요.

 캔바는 저의 그런 고민을 해결해 준 도구였어요. 마우스 클릭 몇 번만으로도 전문가가 만든 것 같은 세련된 디자인을 아주 쉽고 편하게 만들 수 있다는 점이 정말 매력적이었죠. 저는 이 편리한 도구를 수업뿐만 아니라, 집에서도 아이와 함께 사용하면 좋겠다고 생각했답니다. 아이에게 생각을 이미지로 표현하는 즐거움을 알려 주고 싶었거든요. 캔바는 아이의 첫 디지털 스케치북이 되어 주기에 충분했어요.

 저희 가족이 '캔바'라는 스케치북에 첫 번째로 그린 그림은 쿠키 상점 메뉴판이었어요. 앞에서 말한 '다했니'와 연계하여 이미지를 만들었죠. 가족회의에서 정한 보상 목록을 아이가 매일 눈으로 보며 즐겁게 목표를 향해 나아갈 수 있도록 함께 컴퓨터 앞에 앉아 캔바로 메뉴판을 만들었답니다.

 아이는 마음에 드는 쿠키 그림과 자신이 좋아하는 강아지 그림을 넣어 보기도 했고, 직접 텍스트를 입력한 뒤 위치를 조정해 보기도 했어요. 이렇

캔바로 아이와 함께
쿠키 상점 메뉴판을 만들었어요!

아이를 위해
캔바로 공부 계획표를 만들었어요!

게 완성한 쿠키 상점 메뉴판을 컬러로 인쇄해서 눈에 잘 보이는 곳에 붙여 두었고요. 아이는 '다했니'에서 쿠키를 받을 때마다 메뉴판을 보며 뿌듯하게 웃곤 했답니다.

캔바를 통해 아이는 디지털 도구를 조작하며 작품을 만드는 경험을 할 수 있어요. 그림과 글자를 고르고 자신만의 이미지를 만들어 나가며 디자이너가 된 듯한 기분을 느낄 수 있죠. 디지털 도구를 능동적으로 다루는 경험을 통해 앞으로 디지털 시대에 필요한 표현력과 창의력을 자연스럽게 키울 수 있답니다.

캔바는 저에게도 아주 든든한 지원군이에요. 시중의 문제집이나 자료가 아이의 학습 속도나 흥미에 딱 맞지 않을 때가 있잖아요. 그럴 때 캔바를 활용해 아이를 위한 엄마표 활동지를 뚝딱 만들어낼 수 있어요. 아이가 어려워하는 어휘를 모아 어휘 사전 형태의 활동지를 만들 수도 있고, 한국사에서 나오는 사건을 정리하는 활동지를 만들어 줄 수도 있죠. 이렇게 공부한 내용을 아이에게 맞게 재구성한 활동지는 아이의 학습 흥미를 효과적으로 끌어낼 수 있어요.

저는 아이가 스스로 교과별 공부 계획을 세울 수 있도록 틀을 만들어 주기도 했어요. 학습 계획표 자료는 많이 있지만, 저희 아이에게 딱 맞는 건 찾기 어렵더라고요. 그래서 캔바를 이용해 직접 만들었어요.

캔바는 앞으로도 아이의 공부에 더 넓게 활용할 수 있을 거예요. 학교에서 수행평가나 발표 수업을 준비할 때, 중요한 자료를 시각적으로 정리해야 할 때, 포스터를 제작해야 할 때 등 말이죠. 디자인이 어려울 것 같다고 주저하지 마세요. 캔바의 템플릿과 간단한 편집 기능만 익혀도 아이와 부모가 함께 재미있게 도전할 수 있답니다.

지금까지 '챗GPT'를 저의 생각 파트너로, '다했니'를 아이의 성장을 돕는 학습 매니저로, 그리고 '캔바'를 디지털 스케치북으로 활용한 이야기를 알려드렸어요. 서로 다른 디지털 도구이지만 이를 활용하는 방식에는 한 가지 공통점이 있어요. 바로 '왜 이 도구를 사용하는가?'라는 목적을 명확히 하고, 그 목적에 맞게 적절히 활용해야 한다는 거예요.

앞으로도 새로운 디지털 도구는 계속 등장하겠죠. 그래서 이제는 수많은 디지털 도구 가운데 자신의 목적에 맞는 걸 선택하고, 이를 적절히 활용할 줄 아는 지혜를 기르는 게 중요해요. 아이가 그 지혜를 터득할 수 있도록 함께 고민하며 좋은 길잡이가 되어 주면 참 좋겠습니다.

집중력 높이는 우리 집 환경
정다해

"환경은 인간 행동을 결정하는 가장 강력한 외부 요인이다."
— 버러스 프레더릭 스키너(행동주의 심리학자)

중학교에서 근무하며 환경이 아이들의 학습 태도와 성취도에 얼마나 큰 영향을 미치는지 매일 같이 체감합니다. 특히 교실 분위기와 물리적 환경의 차이가 뚜렷하게 드러났던 사례가 많이 있어요.

같은 해, 같은 학년이었지만 1반은 교실 기물이 유난히 많이 파손되어 있었습니다. 우드락으로 만든 작품은 누군가의 주먹질에 두 동강 나 있었고, 사물함 문고리와 창문은 고장 난 채 방치돼 있었죠. 급훈이 적힌 유리판도 어느 날 산산이 깨졌고, 학생이 창문 파편에 다치는 사고도 여러 차례 발

학생이 던진 공에 맞아 깨진 텔레비전　　　깔끔한 교실 환경

생했습니다. 1반은 수업 분위기가 좋지 않아 수업 진행이 어려웠어요. 학교 폭력도 빈번하게 발생하는 반이 되었습니다. 반면 6반은 항상 정돈된 분위기였어요. 교실 게시판은 깔끔히 관리되었고, 책상 위 이름표도 거의 손상되지 않았죠. 수업 중에는 아이들이 교사와 눈을 맞추며 적극적으로 참여했고, 예상대로 학업 성취도도 높았어요. 환경이 아이들의 태도와 성과에 얼마나 깊이 영향을 미치는지를 단적으로 보여주는 사례였죠.

이처럼 아이들뿐만 아니라 남녀노소 모두 환경에 지대한 영향을 받습니다. 부모가 좋은 학군을 찾아 이사하거나 자녀에게 공부하기 좋은 분위기를 조성하려고 애쓰는 이유기도 하지요. 깨진 유리창 법칙처럼 파손되고 무질서한 공간은 아이에게 불안감과 무기력감을 주고, 반대로 정돈된 공간은 마음을 차분하게 가라앉히게 되고 집중력을 높여 주어요. 어떻게 하면 아이의 집중력을 높이는 환경을 만들 수 있을까요?

우선 학교에서 집중력을 높이는 환경 구성을 볼게요. 학교는 단체 생활 공간이므로 완벽하게 통제하긴 어렵지만 부모가 관심을 가지고 도울 수 있는 부분이 있어요. 아이가 앉는 자리에 직접 가서 보면 서랍이나 사물함 상태를 통해 생활 태도를 어느 정도 알 수 있거든요.

서랍이 정돈된 아이는 마음도 정돈이 되어 있어요. 학업 성취도도 높고 학교생활에 열정이 높을 가능성이 크다고 볼 수 있지요. 반면 서랍과 책상 위가 엉망인 학생은 학업에 집중이 안 되고 정신이 없어요. 평소 정리 정돈 하는 습관을 갖도록 가정에서 지도해야 합니다.

자리를 선택할 수 있는 상황이라면 앞자리를 적극적으로 권장하세요. 교사와 자주 눈을 마주칠 수 있는 앞자리일수록 당연히 집중도가 높아요. 사실 키가 작아서 앞쪽에 앉은 친구들이 키가 커서 뒤쪽에만 앉은 학생들에 비해 성적이 높은 경우를 종종 봅니다.

자리를 마음대로 선택할 수 없다면, 수업 후 교사에게 질문하러 다가가는 습관을 들이도록 지도하는 것도 좋은 방법이에요. 선생님의 영향을 가까이 받을수록 학업 성취도는 올라가거든요. 선생님을 좋아하고 따르는 학생일수록 그 과목의 성적이 비례하니까요.

옆에 앉는 친구의 영향력도 매우 커요. 긍정적이고 성실한 친구와 짝이 되면 자연스레 공부 분위기에 물들게 됩니다. 주변 친구들이 모두 엎드려서 자고 공부에 집중을 안 하면 엎드리는 친구들이 하나둘 늘어나게 됩니다. 반대로 열심히 잘하는 친구들이 많은 공간에서는 그 분위기에 휩쓸려 집중을 더 하게 되거든요. 실제로 제가 담임을 맡았던 중3 학생 중 하루 종일 몇 달 동안 계속 잠만 자는 아이가 있었어요. 이동 수업 시간에도 교

잠자는 분위기가 형성된 교실

모두가 열심히 하는 교실

실에서 잠을 자느라 미인정 결과 처리된 적도 여러 번 있었지요. 아무리 깨워도 일어나지 않아 생긴 일이었습니다. 그런데 어느 날 착실하고 열정 넘치는 친구와 짝이 되면서 놀라운 변화가 시작됐습니다. 짝이 된 친구가 매일 긍정적인 메시지를 전해주며 독려했거든요. '○○아, 너도 해봐! 할 수 있어', '같이 해보자.' 등 자는 친구를 깨워 가며 말을 걸었답니다.

그 결과, 그 아이는 조금씩 깨어 있는 시간이 늘었고, 보는 선생님들도 그 모습에 놀라시는 분이 많았어요. 자주 칭찬을 받으며 그 아이의 자존감은 조금씩 높아졌습니다. 학기 말엔 전교생 앞에서 뮤지컬 배우를 맡아 연기하는 변화로까지 이어졌습니다.

가정에서 집중력을 높이는 환경을 만들려면 어떻게 해야 할까요? 집에서는 아이의 시선을 차단하는 시각적 정리가 중요해요. 아이가 가장 많은 시간을 보내는 공간이 바로 자기 방이잖아요. 가능하다면 혼자만의 방을 마련해 주는 것이 좋고, 그렇지 않다면 책상과 잠자리 공간을 분리해 학습 공간을 따로 마련해 주세요. 저의 집도 아이들의 방 배치를 여러 번 바꾸면서 가장 집중이 잘되는 방향으로 정착하게 되었어요.

　집의 환경을 구성할 때 고려했던 사항을 소개해 볼게요. 책상은 벽을 마주하도록 배치하고, 필요한 교재와 필기구만 올려두며 나머지는 서랍에 깔끔히 정리해요. 시야에는 침대나 텔레비전, 옷장이 보이지 않도록 구성하는 것이 중요합니다. 가능하다면 책상 앞 벽면은 단순한 연회색이나 연두색 계열로 정돈하고, 학습 캘린더, 목표 문구 등을 부착해 동기부여를 유도해 보세요. 창문이 시야에 들어오면 외부 자극에 쉽게 흔들릴 수 있으므로, 블라인드를 활용해 차단하는 것이 효과적입니다.

　저의 집은 아이들 방이 작은 편인데 책상 뒷면에 침대를 배치하고 창문은 시선에서 안 보이게 왼쪽으로 배치했어요. 예전에 창문이 보이게 배치한 것과 달리 작은 변화로 아이의 집중력은 월등히 높아졌어요. 아이가 좋아하는 취미용 만화책도 시야 뒤쪽에 오도록 배치했죠. 공부할 땐 다른 것들에 시선을 두면 집중력이 분산되니까요. 물론 아이 스스로 책상을 주기적으로 정리해야 함은 말할 것도 없지요.

책상 위를 말끔히 정리한 모습

책상을 파티션으로 분리한 모습

혹시 형제자매와 방을 함께 쓰는 경우는 칸막이나 책장을 이용해 시각적 경계를 만드는 것이 좋아요. 서로 등을 지고 앉는 구조로 책상을 배치한다면 서로 방해받지 않고 더욱 집중할 수 있습니다. 저는 어릴 적에 방 하나에 저와 언니, 그리고 동생까지 책상을 일렬로 놓고 사용했습니다. 좁은 방에 책상을 세 개나 붙여놓으니 어찌나 공부에 집중이 안 되었는지 아직도 선명하게 기억납니다. 나중엔 책상 사이에 가림막을 놓았고 고등학교에 가서는 집 앞 독서실을 등록했답니다.

요즘은 스마트폰 분리도 매우 중요해요. 스마트폰이 아이들에게 환경의 전부라고 해도 과언이 아니죠. 현재의 입시 경쟁은 '누가 더 스마트폰을 멀리할 수 있나'의 싸움이라고 봅니다. 특목고, 자사고, 기숙학원 등 대부분의 성취가 높은 학습 환경에서는 일정 시간 동안 스마트폰을 회수하는 시스템을 운영합니다. 스마트폰을 눈에 보이지 않게 두는 것만으로도 집중력이 눈에 띄게 좋아지기 때문이지요. 심지어 다른 사람 스마트폰이 가까이에 있어도 집중력이 떨어진다는 연구 결과도 있거든요.

저희 첫째 아이는 스마트폰에 있는 SNS 어플을 과감히 지우고 나니 정신이 맑아졌다고 해요. 게다가 시험을 앞두고 공부할 땐 집에 스마트폰을 멀리 두거나 저에게 맡깁니다. 공부하러 집 앞 도서관을 갈 땐 아예 집에 스마트폰을 두고 가요. 그랬더니 공부에 집중도가 매우 높아졌다고 스스로 만족해합니다.

가정에서 저녁 7시 또는 9시 이후에 가족 모두가 스마트폰을 거실 상자에 넣는 규칙을 만들어 실천해 보세요. 부모가 먼저 모범을 보이지 않으면서 아이에게만 스마트폰을 금지시키는 것은 설득력이 없습니다. 스스로 통제하는 연습을 통해 아이는 자기 조절력을 키우고, 집중력을 높일 수 있는 환경을 만들 수 있습니다. 인간은 환경의 영향을 매우 많이 받기 때문에 그 환경 자체부터 바꾸는 습관을 들여야 해요. 그렇지 않으면 환경에 끌려다니는 신세가 됩니다.

시간 관리도 환경의 중요한 한 요소입니다. 자신에게 주어진 공간적 환경과 더불어 시간적 환경을 함께 만들어 가면 그 효과는 매우 크죠. 많이 알려진 포모도로 기법처럼 타이머를 활용하여 집중 시간과 휴식 시간을 명확히 구분하면 아이가 스스로 집중하고 쉬는 리듬을 만들 수 있습니다. 초등은 30~40분, 중등은 40~50분 고등은 50~60분 정도가 적절한 집중 시간입니다.

타이머를 책상 위에 두고 시각적으로 시간을 인지하게 해주세요. 집중 시간은 아이마다 다르므로 작게 설정한 후 차츰 늘려 주는 것도 좋은 방법이죠. 또한 매일 일정한 시간에 공부를 시작하는 습관을 들이는 것이 좋아요. 수능 만점자 인터뷰에서 자주 등장하는 공통점이 바로 '고정된 시간과 공간에서 공부하는 루틴'입니다.

예를 들어 매일 저녁 8시는 식탁에서 공부하는 시간처럼 정해두면, 몸과 마음이 자동으로 학습 모드에 들어갈 수 있어요. 짧은 시간 안에 도달할 수 있는 목표가 있다면 더 좋아요. '오늘 30분 동안 영어 단어 10개 외우기', '1시간 동안 수학 문제집 2장 풀기' 등 구체적이고 작게 쪼갠 목표를 세우면,

성취감도 커지고 집중도도 높아집니다.

"마음이 편해야 집중도 잘 된다"라는 말이 있죠. 심리적 안정이라는 신체적 환경은 그 무엇보다 중요해요. 집중력의 가장 중요한 기본입니다. 불안한 마음 상태에서는 아무리 좋은 환경도 효과가 없습니다. 친구 관계에서 소외감을 느끼거나, 부모와의 관계에서 불안을 느끼는 아이는 공부가 잘 될 수 없어요. 공부 이전에 정서적 안정이라는 환경을 잘 조성해야 합니다.

코로나가 터졌을 때 우리 가족은 이사했고 아이들이 전학을 갔어요. 모르는 친구들 사이에 있는 것도 불안한데 마스크를 쓰고 원격으로만 친구를 만나게 되었죠. 약 2년간 아이들 인생에서 가장 불안하고 힘들었던 시기였어요. 공부에 몰입하기가 매우 어려웠죠.

그 후 코로나가 끝나고 6학년이 된 첫째는 드디어 친구들을 사귀고 편안해진 마음으로 학교에 가기 시작했어요. 초등 입학부터 코로나로 원격 수업을 한 둘째는 학교에 가는 것을 힘들고 싫은 일로 여겼습니다. 선생님과 친구들을 직접 대면하여 만나는 즐거움을 모르고 친구들도 사귀기 어려웠으니까요.

하지만 학교에 가면서 불안감이 조금씩 나아지고 안정감을 찾았어요. 사실 심리적 안정의 가장 큰 위협 요인은 가정 내 부모 간의 갈등입니다. 아이에게 가장 크고 직접적인 영향을 주죠. 저는 어릴 적에 아빠 사업이 어려워지면서 부모님이 자주 다투셨어요. 심지어 엄마가 집을 나가겠다고 짐을 싸시기까지 했거든요. 저는 아닌 척하며 애써 바깥에 나가 놀고 했지만 큰 두려움과 불안감 때문에 매일 마음이 콩닥콩닥했답니다. 그때 제가 공부에 집중이 됐을까요?

다행히 제가 중고등학생이 되면서 부모님이 안정을 찾으셔서 늦게나마 공부를 시작할 수 있었어요. 지금은 당시의 어려운 상황을 잘 이겨내 주신 부모님께 감사하는 마음입니다. 가능한 한 아이 앞에서는 부부간의 다툼을 피하고, 하루에 10분이라도 아이와 눈을 맞추며 따뜻한 대화를 나누는 시간을 갖도록 해보세요. 아이의 태도와 감정이 좋아지고 주어진 일에 집중하는 모습을 보입니다. 20년간 학교에서 근무해 본 결과 부모와 관계가 좋은 학생일수록 성적도 친구 관계도 좋았거든요. 아이를 많이 안아주고 사랑해 주세요.

형제자매나 친구와 함께 공부하는 것도 심리적 안정에 도움이 되지요. 온라인 스터디 그룹에서 공부 인증 사진을 공유하거나, 주말엔 함께 몰입 데이를 정해서 목표를 달성한 후 간식을 먹는 등 긍정적인 경험을 쌓게 해주세요. 형제자매가 같이 책을 읽고 특정 주제에 대해 토론하면 그 어떤 환경보다 좋은 시너지를 발휘하게 됩니다.

우리는 집안일에서의 역할 분담, 학업 계획 등에 대한 가족 회의를 자주 하고 있어요. 유대인 가정에서는 부모와 성경이나 탈무드를 읽고 하부르타를 하며 토론을 합니다. 부모 형제와 자유롭게 토론하고 의견을 조율하는 과정을 일상에서 한다면 그보다 좋은 교육 환경은 없을 거예요. 그래서 세계를 이끄는 1%에는 유대인이 많은 것 같습니다. 우리가 배워야 할 부분이지요.

아이의 집중력은 노력만으로 만들어지는 것이 아닙니다. 눈에 보이는 물리적 환경, 함께하는 사람, 그리고 보이지 않는 정서적 지지까지 모두가 하나로 연결되어 있을 때, 아이는 진정한 몰입의 힘을 경험하게 됩니다.

3장

과목별 실전 공부법

...

현직 교사 부모가 직접 실천한 교실 밖 공부법

국어:
삶을 읽어내는 능력
배혜림

문해력은 교실에서만 키워지는 게 아니에요. 가정에서, 생활 속에서 자라고 확장돼요. 학교마다, 학교급마다 조금씩 다르지만 국어 수업은 대체로 일주일에 네 시간 정도예요. 이 시간으로는 문해력을 위한 바탕은 마련할 수는 있지만 문해력을 제대로 키우고 싶다면 더 많은 시간이 필요하지요.

부익부 빈익빈이라고 문해력이 뛰어난 아이들이 그렇지 않은 아이들보다 수업 시간 문해력이 더욱 빠르게 성장했어요. 그런 모습을 보면서 저도 저희 아이들도 어느 정도의 문해력을 갖추고 입학시켜야겠다는 생각을 하게 되었어요.

그렇다고 문해력을 키우기 위해서 전문적이거나 체계적인 무언가를 한 건 아니에요. 제가 좋아하는 단어 중에서 '시나브로'라는 말이 있는데, 문해력을 키우기 위한 저의 방법도 '시나브로'였어요. 공부를 너무 많이 해서 공부를 가장 열심히 해야 하는 고등학생 때 지쳐서 공부를 놓아 버리는 경우도 많이 보았거든요. 그렇지 않기 위해서는 시나브로 문해력을 키워 나가야 한다고 생각했어요.

국어 교사로서 문해력의 중요성은 절감하지만 어떻게든 아이들에게 부담스럽지 않고 즐거운 것이 되어서 고등학생 때까지 시나브로 문해력을 성장시키는 것이 저의 목표였어요. 초반에 너무 힘들게 달리면 나중에 지쳐서 힘을 낼 수 없을 테니 적절하게 힘을 안배하는 것이 가장 중요했어요.

유아기와 초등 저학년 시기의 문해력 키우기

유아기와 초등 저학년 시기, 저는 독서를 중심으로 아이들의 문해력을 키우기 위해 노력했어요. 처음부터 어려운 책을 강요하기보다 아이가 흥미 있어 하는 주제의 책을 먼저 읽게 해서 책이 재미있는 것이라는 인식을 심어 주려고 노력했지요. 동화책, 그림책, 생활 속 이야기 등 부담 없는 책들로 시작했어요. 다양한 목소리로 연기하면서 책을 읽어 주기도 했고, 화장품을 꺼내서 책 속의 등장인물로 분장하기도 했어요. 책을 읽다가 아이들이 깔깔깔거리는 것이 이 시기 문해력의 목표였어요. 또 책 한 권을 다 읽어 주기도 했지만 때로는 책을 읽어 주다가 가장 흥미진진한 장면에서 책을 덮고 물어보기도 했어요.

"그 다음에는 어떤 일이 벌어졌을까?"

"너라면 어떤 선택을 했을 것 같아?"

이야기를 읽는 것만이 아니라 생각하며 읽는 경험을 자연스럽게 심어 주고 싶었거든요. 독서가 '듣거나 읽는 것'만이 아니라 '생각하는 것'으로 자리 잡기를 바랐던 것이죠.

책을 읽는 환경도 중요했어요. 집 안 곳곳에 책장을 놓고 책으로 가득 채웠어요. 새 책도 있었지만 중고책이 더 많았어요. 중고책은 새 책의 1/10 정도 가격밖에 되지 않거든요. 중고책을 이용해 저렴한 가격으로 더 많은 책을 읽힐 수 있었어요.

가족 모두 도서관에 회원 등록도 해두었어요. 한 번에 빌릴 수 있는 최대 권수의 책을 빌려 와서 아이가 스스로 골라 읽게 했어요. 물론 빌려 온 책을 모두 읽지는 못했어요. 하지만 아이들에게 '책과의 접점'을 만드는 중요한 경험이 되었다고 생각해요.

교과서 읽기를 통한 문해력 키우기

학교에 입학한 후에는 독서만으로는 부족하다는 생각이 들었어요. 교과서 내용이 어려워지는 초등학교 3학년부터 본격적으로 교과서를 활용해서 읽기 훈련을 시작했어요. 교사로서 교과서의 힘을 잘 알았기에 아이들에게도 그 힘을 경험하게 해주고 싶었어요.

초등학생 때는 따로 시험이 있는 것이 아니었기에 그날 배운 내용을 가볍게 읽는 것으로 시작했어요. 특히 신경을 쓴 것은, 교과서를 읽는 과정이 공부처럼 느껴지지 않는 것이었어요. 교과서를 읽는 것이 공부처럼 느껴지면 지겨워서 교과서를 읽으려 하지 않을 수 있거든요. 학교에서 만난 수많은 아이들이 공부라는 것을 지겨운 것으로 받아들이는 모습을 보았기에 저희 아이들에게는 최소한 교과서를 읽는 것이 지겨운 것은 아니다, 가볍게 읽었을 뿐인데 학교 수업이 잘 이해되더라는 효능감을 심어 주고 싶었어요.

교과서를 읽을 때 모르는 단어가 나오면 그냥 넘기지 않고 사전을 찾아보게 하는 것도 잊지 않았어요. 다행히 초등학교 4학년 즈음이 되자 국어 수업 시간에 국어사전 찾기 활동이 있어서 사전 찾기가 한결 수월했어요. 이러한 모든 활동이 공부가 아니라 즐거운 활동으로 느껴지게끔 일부러 신나는 목소리로 아이들과 교과서를 읽었어요.

습관으로 키워 나가는 문해력

아이들과 함께 책을 읽고 교과서를 공부하면서 문해력 키우기는 습관이 되어 갔어요. 생활 속에서 대화를 나누다가 모르는 단어가 나오면 함께 찾아보고 그 단어를 다시 일상 속 문장에 끼워 넣으며 반복해서 사용했어요. 이렇게 생활과 연결된 언어 경험은 단어의 의미뿐 아니라 맥락까지 자연스럽게 익히게 해주었지요.

문해력을 키우는 데 배경지식도 빠질 수 없지요. 초등학교 방학 때마다 텐트 하나만 챙겨서 전국 곳곳을 여행하며 지역마다 다른 문화, 음식, 지형 등을 직접 체험했어요. 책에서만 봤던 동해 해안선을 직접 차를 타고 올라가 보기도 하고, 생태 체험장에서 갯벌을 몸으로 느끼기도 했지요.

아이들은 책을 읽다가 낯선 단어가 나오면 그게 무슨 뜻인지 이야기를 나누었는데 그와 관련했던 기억이 떠오르면 조잘조잘 이야기를 나누곤 했어요. 오래 전 일이라 기억을 못할 거라 생각했는데 생각보다 오래 기억하고 있더라고요. 또, 즐거웠던 기억보다 힘들고 고생했던 기억을 더 많이 떠

올리며 이야기를 나누더군요. 어릴 때 아이들과 했던 수많은 여행이 문해력을 키우기 위한 목적은 아니었지만, 결과적으로 이런 경험은 책을 읽을 때 '글자'를 넘어 '의미'를 이해하는 데 큰 도움이 되었어요.

지금도 교실에서 수업을 할 때 다양한 읽기 전 활동들을 하는데요. 가정에서의 다양한 체험과 경험이 문해력에 얼마나 큰 도움이 되는지 느끼고 있어요. 같은 글을 읽어도 그 글에서 떠오르는 경험이나 이야기들이 모두 다르거든요. 그 글을 이해해 내는 정도나 방식도 아마 다 다르겠지요.

중학생의 문해력

중학생이 되면서부터는 문해력을 더 깊이 있게 다져야겠다는 생각이 들었어요. 초등 시기에는 책을 읽고, 다양한 체험을 통해 문해력을 키웠다면 중학생 때는 문해력을 다지기 위한 체계적인 과정이 필요해요.

중학교 국어 교과서에는 문해력을 다지기 위한 다양한 활동들이 잘 제시되어 있어요. 중학생 때 체계적으로 문해력을 다져야 한다는 의미지요. 교과서에 수록된 다양한 글을 읽다가 흥미롭다고 하는 글이 있으면 교과서 뒤쪽의 출처를 찾아서 함께 읽었어요. 어떤 글은 함께 인터넷에서 관련 기사를 찾아 읽기도 했고, 어떤 글은 영상 자료를 찾아보기도 했어요. 그렇게 다양한 방식으로 확장해서 경험하다 보면 그 글이 머릿속에 오랫동안 남아 있더라고요.

중학생 때부터 수행평가가 점수화돼요. 수행평가는 주어진 과제를 이해하고 글을 작성하거나 발표 자료를 만드는 등 문해력을 기반으로 한 표현력이 굉장히 중요해요. 그런데 의외로 많은 아이들이 수행평가의 핵심을 놓치거나 자료를 검색해 놓고 자기 말로 풀어내지 못해 어려움을 겪는 경우가 많아요. 그래서 수업 시간에 수행평가를 할 때마다 이 수행평가를 왜 하는지 그 목적과 핵심을 파악한 뒤 자기 생각을 정리해야 한다고 안내해요. 제가 하는 수행평가는 대부분 글쓰기인데, 자기의 생각이 제대로 정리되지 않으면 수행평가를 제대로 할 수 없거든요.

문해력을 키우는 이유

문해력은 시험 성적을 잘 받기 위해 키우는 것이 아니에요. 아이가 세상을 이해하고 자기 생각을 표현하는 힘을 기르기 위해 필요한 것이지요. 저는 문해력을 기르는 것은 삶을 읽어내는 능력을 기르는 것이라고 생각해요. 한 줄의 글, 하나의 말 속에 담긴 의미를 이해하고 자신만의 언어로 풀어낼 수 있는 힘. 그 힘이 문해력이고, 그 힘을 기르기 위해 노력했어요. 좋은 시험 성적은 그에 따라오는 부차적인 결과물이고요.

갈수록 사회의 모든 것이 양극화되고 있어요. 문해력도 마찬가지예요. 시험 성적을 잘 받기 위해서 문해력을 키우는 건 아니지만 문해력도 워낙 양극화되면서 문해력이 좋은 아이들이 시험 성적에서도 좋은 결과를 받더라고요. 문해력은 모든 공부의 바탕이니까요.

저는 문해력을 아이의 삶 전체를 위한 토대라고 생각해요. 문해력을 잘 키운 아이는 타인의 말을 오해하지 않고 자기 생각을 정확하게 전달하며 글과 말로 소통하는 데서 오는 기쁨도 누릴 수 있어요. 문해력은 살아가며 부딪히는 문제를 이해하고 해결할 수 있는 '삶의 힘'인 거죠.

아이의 문해력을 기르는 데 가장 필요한 것은 부모가 아이와 함께 책을 읽고 이야기를 나누며 일상의 순간들을 아이들과 함께 생각하고 돌아보는 시간이었어요. 저는 이 시간을 놓치지 않으려 애썼고 지금도 그러려고 노력하고 있어요. 삶을 읽어내고 타인을 이해할 수 있다면 문해력을 잘 키웠다고 말할 수 있지 않을까요?

수학:
질문하며 익히는 개념
김설훈

'수학 공부'라고 하면 가장 먼저 무엇이 떠오르나요? 아마 많은 분이 머릿속에 수많은 공식과 문제 유형을 떠올리실 거예요. 제가 일하고 있는 대치동 학원가에서는 '선행'과 '심화'를 거듭하며 아이들이 엄청난 양의 문제를 풀어내고 있어요. 대치동 아이들이라고 하면 모든 문제를 술술 잘 풀 것 같은 느낌이 들잖아요. 그런데 꼭 그렇지만은 않아요. 대치동 아이들도 사실은 우리 아이들과 똑같이, 처음 보는 유형의 문제나 고난도 문제 앞에서는 막막함을 느낀답니다.

그럼 대치동의, 그중에서도 상위권 아이들은 어떻게 다를까요? 보통의, 평범한 아이들과 진짜 상위권 아이들의 차이가 극명하게 드러나는 건 이 부분이에요. 처음 보는 유형이나 어려운 문제를 접했을 때 평범한 아이들은 어떻게 하죠? 막막함에 한숨을 쉬거나, 무작정 아무 풀이법이나 시도하며 시간을 낭비하는 경우가 많아요.

문제 앞에서 막막할 때 던지는 '탐색 질문'

상위권 아이들은 문제를 이해하고 해결의 실마리를 찾기 위한 자신만의 '탐색 질문'을 스스로에게 던진답니다. 이 탐색 질문은 마치 캄캄한 동굴 속에서 길을 잃지 않기 위해 손전등을 비추는 것과 같아요. 목적지를 향해 앞으로 나아가려면 어느 쪽으로 가야 하는지 방향부터 정해야 하잖아요. 수학도 마찬가지입니다. 문제의 본질이 무엇인지 파악하고, 해결의 방향을 설정하는 게 가장 우선인데, 이때 탐색 질문이 결정적인 역할을 하죠.

복잡한 수학 문제지를 받아 들었을 때, 아이들이 어떤 반응을 보이고 어떤 자세로 변하는지 아세요? 아무 의식 없이 문제를 읽고, 그런 다음에 하는 한 마디. "뭔 소리야". 문제의 긴 문장이나 알 수 없는 기호들에 압도된 아이들은 눈빛이 풀려 있기 일쑤죠. 심화 수학으로 올라갈수록 아이들이 문제를 읽다가 지쳐 버리는 경우가 많아요.

이때 상위권 아이들이 자신에게 가장 먼저 하는 질문은 바로 이거예요. "이 문제에서 주는 정보는 무엇일까?" 그들은 마치 엉덩이 탐정이 사건 현장을 살펴보듯 문제의 핵심 조건이나 숫자, 그림 등을 꼼꼼히 파악하며 밑줄을 긋거나 동그라미를 치는 습관이 있어요. 제가 수업 시간에 항상 강조하는 게 '구조' 분석이에요. "구: 구하려는 것, 조: 조건". 이 단계를 거치면서 질문을 던져야 문제를 풀 수 있어요.

초등학교 5학년인 첫째는 엄청난 수학 재능을 가지고 태어나지 않았어요. 평범한 아이입니다. 문제를 빨리 푸는 것도 아니고 선행을 많이 하지도 않고요. 다만 어떤 문제가 주어지든, 잘 모르겠으면 문제의 지문을 세 번 이상 읽고 중요한 정보는 색깔 펜으로 표시하게 해요. 한번은 도형 문제를 풀다가 막혔기에 제가 "어떤 정보가 주어졌니?" 하고 물었더니, 아이는 문제지에 그려진 도형의 각도, 변의 길이, 그리고 숨겨진 조건들까지 짚어 가며 설명하더라고요.

이처럼 주어진 정보가 무엇인지 정확히 인지하는 것이 첫걸음이에요. 문제의 긴 문장 속에서 불필요한 정보는 걸러내고, 필요한 정보만을 집중적으로 활용할 수 있게 된답니다. 많은 아이들이 '빨리 풀기'에만 집중해서 이 단계를 건너뛰곤 하는데, 오히려 이 '꼼꼼한' 과정이 결국 시간을 절약하고 실수를 줄이는 가장 효율적인 방법임을 알아야 해요.

문제를 풀다가 길을 잃는 아이들을 보면, 대부분 최종적으로 구해야 하는 것이 무엇인지 명확히 인지하지 못한 채 무작정 풀이만 시작하는 경우가 많아요. 마치 목적지 없이 무작정 운전대를 잡는 것과 같아요. 상위권 아이들은 문제를 풀다가 길을 잃지 않도록, 최종적으로 구해야 하는 것이 무엇인지 명확히 해요 계속 생각하면서 길을 잃지 않죠. 단순히 답을 내는 것을 넘어 문제의 의도를 파악하려고 노력하는 거죠.

아홉 살인 둘째와 심화 문제를 풀 때였어요. 문제가 길고 복잡해서 아이가 "아빠, 이거 너무 어려워!" 하며 풀이를 포기하려 했죠. 저는 아이에게

"잠깐, 이 문제가 결국 뭘 물어보고 있는 것 같아? 네가 마지막에 찾아야 할 게 뭐야?" 하고 물었어요. 아이는 잠시 생각하더니 "음…… 사탕의 개수를 구하는 거예요." 하고 답하더라고요. '사탕의 개수 구하기'라는 명확한 목표를 세우기가 이 문제 풀이의 시작인 거죠. 아이는 그 목표를 향해 어떤 단계를 밟아야 할지 스스로 고민하기 시작했어요. 이렇게 목표를 명확히 하는 질문은 아이가 풀이 과정에서 헤매지 않고, 가장 효율적인 경로를 찾아 나갈 수 있도록 돕는 나침반 역할을 한답니다.

많은 아이들이 문제를 보자마자 특정 공식이나 풀이법을 떠올리려고 애써요. 하지만 단순히 공식 암기하는 것을 넘어, 관련된 수학적 개념들을 머릿속에서 쭉 나열해 보고, 그 개념들 간의 연결 고리를 찾으려고 노력해야 해요. 머릿속에 잘 정리된 '개념 도서관'을 두고 그곳에서 정보를 찾아 꺼낼 수 있어야 한답니다. 예를 들어, 도형 문제라면 '이등변각형의 성질', '평행', '합동' 등 아는 모든 개념을 떠올려 보는 거죠.

제가 첫째에게 "이 문제는 어떤 개념이랑 관련이 있을까?" 하고 물으면, 아이는 문제의 조건을 보며 "이건 삼각형의 합동이랑 관련이 있을 것 같아요. 그리고 각도 개념도 필요하고요." 하면서 자신이 알고 있는 개념들을 조합해 보려고 시도한답니다. 물론 아이가 대답한 개념이 정확하지 않을 수 있어요. 그 문제에서 필요없을 수도 있고요.

하지만 이 연습을 통해서 개념을 꺼내 써 보는 연습을 해야 한답니다. 이 질문은 아이가 단순히 지식을 가지고 있는 것을 넘어, 그 지식을 적재적소에 꺼내 활용할 수 있는 '활용 능력'을 키워 준답니다. 진짜 실력자들은 단순히 많은 개념을 아는 것을 넘어, 개념과 개념 사이의 연결성을 꿰뚫어 보는 통찰력을 가지고 있어요.

자신의 경험을 적극적으로 활용하는 것도 수학 잘하는 아이들의 중요한 특징이지요. 과거에 풀었던 문제들 중에서 유사한 유형이나 접근 방식이 있었는지 떠올리며 힌트를 얻으려고 노력해요. 이것이 바로 오답 노트를 꼼꼼히 정리하는 이유이기도 해요. 오답 노트는 단순히 틀렸던 문제를 단순히 다시 푸는 게 아니에요. 그것을 넘어 '내가 왜 틀렸는지', '이 문제를 통해 어떤 개념을 다시 익혀야 하는지', '다음번에는 어떻게 접근할 것인지'를 기록하고 기억하는 습관이 몸에 배게 하는 과정이에요.

제가 가르치는 학생 중에는 오답 노트를 자신만의 '문제 해결 전략집'처럼 활용하는 아이가 있었어요. 새로운 문제를 풀다가 막히면, 바로 오답 노트를 펼쳐 비슷한 유형의 문제를 찾아보고, 자신이 과거에 어떤 실수를 했고 어떻게 극복했는지 확인하더라고요. 잘 정리한 오답 노트는 아이가 스스로 자신의 학습 과정을 돌아보고, 메타인지 능력을 키우는 데 결정적인 역할을 한답니다.

수학을 잘하는 아이들은 문제 앞에서 막막할 때 무작정 달려들기보다, 위와 같은 '탐색 질문'을 통해 문제의 본질을 파악하고, 해결의 지도를 그리는 시간을 가져요. 이 질문의 힘이야말로 그들이 치열한 경쟁 속에서도 흔들리지 않고, 진짜 수학 실력을 쌓아가는 가장 강력한 비결이에요. 학부모님들께서도 아이가 문제 앞에서 망설일 때, 정답을 알려 주기보다 이러한 탐색 질문을 던져 주며 아이 스스로 길을 찾도록 도와주세요.

풀이 과정 중 오류가 생겼을 때 던지는 '진단 질문'

수학 공부는 실수의 연속이라고 해도 과언이 아니죠. 아무리 대치동에서 수학을 잘한다는 아이들이라도 실수를 해요. 상위권 아이들도 때로는 예상치 못한 실수를 하거나 문제의 함정에 빠지곤 해요. 학부모님들께서는 아이가 틀린 문제를 가져오면 속상해하거나, '이것도 틀리다니!' 하고 실망하실 때가 많을 거예요.

하지만 여기서 평범한 아이들과 진짜 상위권 아이들의 결정적인 차이가 드러나요. 평범한 아이들은 실수 앞에서 좌절하거나 모르겠다고 하고, 못 풀겠다고 하는 일이 많아요. 그 아이들이 선생님이나 부모님에게 바로 답을 요구할 때, 상위권 아이들은 자신만의 '진단 질문'을 꺼내 든답니다. "내가 어디서부터 잘못 생각하기 시작했을까? 어떤 단계에서 오류가 발생했지?"가 바로 진단 질문입니다.

아이가 틀린 문제를 가지고 왔을 때, 여러분은 어떻게 하세요?

많은 부모님들은 아이의 오답을 보며 '어디가 틀렸는지'를 바로 찾아내려고 하시죠. 그리고는 "이 부분이 틀렸네!" 하고 정답을 알려 주거나, 올바른 풀이 과정을 제시해 주시곤 합니다. 왜냐고요? 그게 더 빠르고 쉽거든요. 하지만 상위권 아이들은 단순히 '틀렸다'는 결과에 연연하지 않아요. 풀이 과정을 역추적하며 '어디서부터 잘못 생각하기 시작했는지', '어떤 단계에서 오류가 발생했는지'를 스스로 찾아내려고 노력하죠.

열두 살인 첫째가 수학 문제를 풀다가 간혹 계산 실수를 하는 경우가 있어요. 답은 틀렸는데 풀이 과정은 제법 그럴 듯한 거예요. 어느 날 제가 "네가 푼 과정을 처음부터 끝까지 아빠에게 설명해 줄 수 있을까?" 하고 물었어요. 아이가 자신의 풀이를 소리 내어 읽다가 웃으면서 스스로 계산 실수를 찾아내더라고요.

어떻게 이럴 수 있냐고요? 자신의 생각을 말로 표현하려면 머릿속에 논리적으로 정리를 해야 하잖아요. 그런데 그 흐름이 끊긴 순간이 온 거죠. 논리적 흐름이 끊기는 지점이 바로 오류가 있는 부분이죠.

상위권 아이들은 자신의 오류를 계산 실수인지, 개념 적용 오류인지, 논리적 비약인지 등을 스스로 분석해요. 이 과정은 내가 푼 문제지만 아이가 자신의 학습 과정을 '객관적으로' 바라볼 수 있는 능력을 길러 줍니다.

빠르게 선행 학습을 할 때 나오는 문제점은 속도에 집중을 하다 보니 개념을 탄탄하게 다질 시간이 부족하다는 거예요. 그래서 개념을 '대충' 알고 넘어가는 경우가 많아요. 겉으로는 아는 것 같지만 조금만 심화된 문제나 응용 문제에 부딪히면 개념의 빈틈이 드러나곤 하죠. 이때 자신이 잘못 이해하고 있는 개념이 있는지, 혹은 문제의 중요한 단서나 조건을 간과한 것은 아닌지 다시 한번 꼼꼼히 확인해야 해요.

열두 살인 첫째가 도형 문제를 풀다가 막혔을 때였어요. 분명히 넓이 공식을 정확히 외웠다고 자신하는데 답이 계속 틀리는 거예요. 제가 "네가 이 문제를 풀 때 어떤 개념과 공식을 사용했니?" 하고 물었더니, 아이는 자신 있게 공식을 말하더라고요. 사다리꼴 넓이를 이용하는 문제였는데

많은 학생이 빠뜨리는 '나누기 2'를 안 한 거죠. 사다리꼴 넓이 구하는 식이 나온 원리를 그림으로 설명해 보라고 하니까 그제야 자신이 빠뜨린 걸 이해하더라고요. 아주 사소한 조건이라고 할 수 있지만 그 숫자 하나가 답의 크기를 완전히 바꿔 놓는 경우가 많아요.

이럴 때 '내가 아는 것이 전부가 아닐 수도 있다'는 겸손한 태도로 기본 개념을 다져야 해요. 겉으로만 아는 것이 아니라 개념의 정의, 성질, 그리고 적용 범위까지 깊이 있게 파고들어야 해요. 이 과정에서 자신이 놓쳤던 미세한 부분들을 발견하고, 개념을 더욱 단단하게 다지는 기회를 얻을 수 있어요.

수학은 논리의 학문이에요. 답을 맞히는 것만큼이나 그 답에 도달하는 과정의 논리적 타당성이 중요해요. 자신의 풀이 과정이 논리적으로 타당한지 스스로에게 질문하며 검증해야 하는 거죠. 마치 다른 사람에게 설명하듯이 자신에게 생각을 정리해 보는 거죠.

제가 강력하게 추천하는 방법이 있어요. 화이트보드 활용하기입니다. 그날 공부한 문제 중에서 하나를 골라서 부모님께 설명하는 거죠. 자신의 풀이 과정을 소리 내어 설명하는 시간이 매우 유익해요. 처음에는 어색해할 수 있어요. 하지만 계속하다 보면 이 시간을 통해 자신의 풀이 과정에 논리적 비약은 없는지, 혹시 잘못된 가정을 한 것은 아닌지 스스로 점검할 수도 있어요. 도형 문제를 풀다 보면 문제에선 직각이란 조건을 안 줬는데 90도라도 생각하고 푸는 경우도 있어요. 그럼 제가 물어보죠. 89.9도면 어떡하지? 이렇게 질문은 아이가 자신의 생각을 명확히 하고, 논리적인 연결 고리를 만드는 훈련이 돼요.

앞으로 서술형 평가나 면접형 문제의 비중이 커질 거예요. 이때 필요한 것이 바로 이 논리적 추론 능력이에요. 단순히 답만 맞히는 것이 아니라, 자신의 풀이 과정을 명확하고 설득력 있게 설명할 수 있는 능력은 '진짜 실력'의 증거랍니다. 아이가 틀렸을 때, "다시 풀어 봐!"라고 다그치기보다, "네가 이렇게 풀었는데, 이 다음 단계는 왜 이렇게 되는지 아빠에게 설명해 줄 수 있을까?" 하고 질문을 던져 보세요. 이 과정을 통해 아이는 자신의 풀이 과정을 객관적으로 검토하고, 논리적 사고력을 한 단계 더 발전시킬 수 있을 거예요.

이처럼 진단 질문을 통해 자신의 오류를 정확히 파악하고, 개념의 빈틈을 메우며, 논리적 사고력을 더욱 단단하게 다져나가야 해요. 우리 아이가 수학 문제 앞에서 좌절할 때 정답을 알려 주는 대신 이러한 진단 질문을 던져 주며 아이 스스로 자신의 오류를 발견하고 극복할 수 있는 힘을 길러 주세요.

더 깊이 이해하고 싶을 때 던지는 '심화 질문'

수학은 논리의 학문인 것과 동시에 그 논리로 정답을 맞혀야 합니다. 정답을 맞히면 끝일까요? 거기서 끝내면 안 돼요. 이미 정답을 맞힌 문제라도, '더 깊이' 이해하고, '더 다양한' 방식으로 접근하기 위해 '심화 질문'을 던져야 해요. 이렇게 실력을 한 단계 더 끌어올려, 남들이 쉽게 따라올 수 없는 '수학적 통찰력'을 갖게 해야 해요.

'빠른 선행'과 '많은 문제풀이'에 집중하다 보면 정작 중요한 '깊이 있는 사고'를 놓칠 수 있어요. 겉으로는 어려운 문제를 척척 풀어내는 것 같지만, 조금만 비틀거나 새로운 관점으로 질문하면 멈칫하는 경우가 많아요. 그래서 '왜?'라는 질문을 통해 개념의 본질을 꿰뚫고, 스스로 지식을 확장하며, 수학을 '살아있는 학문'으로 만들어 나가야 해요.

"이 문제를 다른 방법으로 풀 수는 없을까? 더 효율적인 풀이법은 없을까?"

하나의 문제에 여러 가지 풀이법이 존재한다는 것을 아는 아이들은 많지 않아요. 대부분 학교나 학원에서 배운 한두 가지 풀이법에만 매달리곤 하죠. 하지만 진짜 상위권으로 가려면 자신이 사용한 방법 외에 다른 방법은 없는지 끊임없이 탐색해야 해요. '정답'을 찾는 것을 넘어 '최고의 풀이'를 찾으려고 노력해야 해요. 이 과정에서 사고의 유연성과 창의성이 비약적으로 길러진답니다. 저 역시 수업을 하기 전에 다양한 풀이 방법으로 풀어봐요. 그래야 학생들에게 이 방법도 있고, 저 방법도 있다는 것을 알려줄 수 있잖아요.

열두 살인 첫째는 도형에서 각도 구하는 문제를 좋아해요. 제가 풀이를 해준 문제가 있는데 이렇게 말하더라고요. "아빠, 이거 다른 방법으로도 풀 수 있을 것 같아요. 더 쉬운 방법이 있을 것 같아서요."라고요. 물론 제가 풀어 준 방법과 큰 차이가 있지는 않았어요. 왼쪽으로 돌아가냐, 오른쪽으로 돌아가냐의 차이일 뿐. 하지만 스스로 새로운 방법을 찾아냈다는 기쁨에 자신감이 확 올라갔답니다. 제가 가르치는 아이들 중에도 제가 알려준 풀이법 말고 자신만의 독특한 방법으로 문제를 해결해 오는 아이들이 있어요. 수업 시간에 제가 풀이를 해주면 선생님의 풀이를 포스트잇에 필기해서 붙여 놓게 하거든요. 그럼 이렇게 질문해요. "선생님 풀이랑 제 풀이가 다른데 괜찮아요?" 그럼 제 대답은 늘 같아요. "선생님 풀이만 정답은 아니야. 수학 풀이는 다양할 수 있어." 이처럼 여러 가지 풀이법을 탐색하는 질문은 아이가 고정관념에서 벗어나 창의적으로 사고하고, 문제 해결의 폭을 넓히는 데 결정적인 역할을 해요.

"만약 문제의 조건이 조금 달라진다면, 답은 어떻게 달라질까?"

초등학교 5학년 과정에 평균 구하는 내용이 나와요. 기존에 있던 사람 나이의 평균이 몇 살인데 새로 몇 명이 왔고 전체 나이 평균이 몇 살이 되었다. 새로 온 사람들의 나이 평균은 몇 살인지를 구하는 거죠. 이때 중요한 것은 평균의 개념을 정확하게 이해하고 있는가, 사람 수가 달라졌을 때 이를 문제에 어떻게 적용할 것인가예요.

아이들이 이 문제를 접하면 처음에는 당황해요. 하지만 이내 숫자를 바꿔 가며 직접 계산해 보면서 평균의 변화를 할 수 있죠. 이처럼 문제의 조건을 바꾸어 질문하는 것은 아이가 개념을 기계적으로 적용하는 것이 아니라, 그 개념이 어떤 상황에서 어떻게 작동하는지 '실험'해 보는 것과 같아요. 이를 통해 개념의 한계와 확장 가능성을 알 수 있고, 어떤 변형 문제에도 당황하지 않고 대처할 수 있는 유연한 사고력을 키울 수 있어요. 제가 되게 좋아하는 문제 유형이랍니다.

심화 질문의 최고봉은 이 질문이에요.

"내가 이 개념이나 풀이법을 다른 사람에게 완벽하게 설명할 수 있을까?"

가장 강력한 학습 방법 중 하나죠. 자신이 이해한 것을 다른 사람에게 가르쳐 주거나 설명해 보려고 시도하면서, 자신의 이해도를 최종적으로 점검하고 부족한 부분을 채워 나가는 과정이랍니다. 단순히 수학을 잘한다고 설명을 잘하지는 못할 수도 있어요. 잘하는 것과 잘 가르치는 것은 다른 영역이거든요. 확실한 것은 설명하는 것은 혼자 잘 푸는 것보다는 상위 영역이에요. 그래서 전 학생들에게 친구나 동생이 모르는 것을 물어보면 귀찮아하지 말고 가르쳐 주라고 해요. 그게 곧 자기 공부니까요.

수학 상위권으로 가려면 단순히 정답을 맞히는 것에 만족하지 않고, 심화 질문을 통해 개념의 깊이를 더하고, 사고의 폭을 넓히며, 수학을 '진정으로' 이해해야 해요. 이 질문의 힘이야말로 그들이 치열한 경쟁 속에서도 흔들리지 않고, 진짜 수학 실력을 쌓아가는 가장 강력한 비결이랍니다.

학부모님들께서도 아이가 단순히 문제를 맞혔다고 안심하지 마시고, "이 문제를 다른 방법으로 풀 수는 없을까?", "만약 조건이 달라진다면?", "이 개념이 어디에 쓰일까?", "네가 다른 사람에게 설명해 줄 수 있을까?" 같은 질문들을 던져 주며 아이의 수학적 사고력을 한 단계 더 끌어올려 주세요.

영어:
늦게 시작해도 괜찮아
김수린

"영어, 어떻게 시키세요?", "선생님 아이들은 영어 잘하지요?"

중학교에서 영어를 가르치고 있어서일까요? 부모님들은 이런 질문을 자주 하십니다. 20년 넘게 학교에서 아이들을 가르치면서 느낀 것은, 영어 교육에 정답은 없다는 점이에요. 아이마다 성향도 다르고, 시작하는 시기나 환경, 흥미도 모두 다르거든요. 제 두 아이만 봐도 그렇습니다. 첫째와 둘째는 전혀 다른 시기, 다른 방법으로 영어를 배웠어요.

아이를 키우면서 영어는 '언제' 시작했느냐가 아니라 '어떻게' 꾸준히 이어가느냐가 더 중요하다는 것을 알게 되었어요. 빠른 시작이 꼭 좋은 결과를 보장하지 않더라고요. 오히려 아이의 발달 단계와 흥미를 고려하여 '지금 우리 아이에게 맞는 방법'을 찾는 것이 훨씬 중요해요. 어떤 아이에게는 듣기가 필요하고, 어떤 아이에게는 읽기와 말하기가 더 우선일 수 있거든요. 또 어떤 아이는 문법을 빨리 배우고 싶어 하고, 어떤 아이는 나중에 문법을 시작해도 충분히 따라갈 수 있고요. 결국 중요한 것은 아이의 속도와 리듬을 인정하고 존중하며 꾸준히 가는 것이에요.

국제학교에서 영어를 시작한 첫째

지금은 고등학생인 첫째는 일곱 살, 외국의 국제학교에서 처음 영어를 시작했어요. 알파벳도 전혀 모르고, 이름은커녕 인사도 영어로 해본 적이 없는 상태로 영어 환경에 놓이게 된 거죠. 남편의 해외 발령으로 아이가 국제학교에 가게 되자 주위에서는 다들 왜 미리 영어를 하지 않았냐고 걱정했어요. 하지만 저는 오히려 아이가 한글을 읽을 수 있고, 우리말 어휘를 더 풍부하게 만들어야 한다는 생각이 더 컸어요. 남편의 임기가 끝나면 아이는 한국으로 돌아와 학교에 다녀야 하니까요.

제가 아이에게 꾸준히 해준 것은 바로 책 읽어 주기였어요. 남편의 해외 발령이 결정된 이후에도 영어책이 아닌 우리글로 된 책을 매일 자기 전 읽어 주었어요. 국제학교에 입학하기 직전 아이는 웬만한 한글을 다 읽을 수 있는 실력이 되었습니다. 저는 아이가 한글을 읽고 난 후 영어를 배운 것이 정말 다행이라고 생각해요. 아이가 영어를 빨리 읽게 된 것도, 그리고 초등학교 4학년에 한국에서 학교 생활을 처음 시작하면서 적응을 잘하게 된 것도, 한글을 읽을 수 있었고, 유아기 때 책을 많이 읽어 주어서라고 생각해요.

시리즈로 영어책 읽기

아이는 영국계 국제학교를 다녔어요. 매일 읽기 숙제가 있었는데 바로 '옥스퍼드 리딩 트리' 시리즈 책이었어요. 단계가 있어서 아이의 읽기 능력을 바로 확인할 수 있었지요. 저는 아이가 매일 숙제로 가지고 온 책을 소리 내어 여러 번 읽어 주었어요. 아이 역시 소리 내어 읽었고요. 아이처럼 또래보다 영어를 못하는 아이들은 가정교사를 구해서 과외 수업을 했지만 저는 그러지 않았어요. 학교 수업만으로 충분한 시기라고 생각했거든요. 일 년이 지난 후 아이는 제 학년에 맞는 읽기 수준이 되었고, 이후는 집에서 꾸준히 영어 원서를 읽게 했지요.

제가 선택한 원서는 주로 시리즈였는데요. 원서를 시리즈로 읽으면 책을 계속 읽게 하는 데 도움이 되어요. 그 이유는 먼저, 시리즈는 등장인물과 배경이 같아서 이해가 쉽기 때문이에요. 책을 읽을 때 새로운 인물이나 장소를 익힐 필요 없이 전권에서 본 주인공이 계속 나오기 때문에 더 집중할 수 있어요. 또한 같은 단어와 표현이 자주 나와서 익숙해져요. 시리즈 책은 비슷한 문장, 단어, 표현이 반복되거든요. 처음엔 어려워도 점점 쉽게 느껴지고 외우지 않아도 저절로 기억돼요. 그러다 보니 책 읽는 속도가 빨라져요. 내용이 익숙해서 모르는 단어가 나와도 흐름을 쉽게 예상할 수 있거든요. 시리즈는 에피소드는 달라도 전체적인 스토리가 연결되어 흥미가 생깁니다. '다음 이야기는 어떨까?' 궁금해져서 계속 읽고 싶어지고요. 그렇게 읽는 습관이 만들어지고 영어 실력도 자연스럽게 늘어요.

초등학교 저학년 때까지 아이가 재미있게 읽은 책은 『매직트리하우스

(Magic Tree House)』, 『윔피키드(Diary of a Wimpy Kid)』, 『나의 이상한 학교(My Wired School)』, 『캡틴 언더팬츠(Captain Underpants)』 시리즈였어요.

화상영어와 원서 읽기로 영어 유지하기

해외 생활을 마치고 한국으로 돌아온 후, 아이의 영어 유지가 고민이었어요. 국제학교에서는 하루 종일 영어를 쓰면서 자연스럽게 듣고 말하게 되었는데, 한국 학교로 돌아오면 이런 환경이 사라지니까요. 하지만 동시에 국어와 수학, 그리고 4학년부터 어려워지는 과학, 사회와 같은 다른 과목들도 걱정이었습니다. 영어만 잡고 있을 수 없으니까요. 고민 끝에 선택한 방법이 바로 화상영어 수업과 꾸준한 원서 읽기였어요.

우선 화상 수업은 지역에서 운영하는 사이트를 이용했어요. 지역에서 운영해서 다른 업체에 비해 저렴한 편이었거든요.('**시 또는 **구 원어민 화상영어'로 검색하면 됩니다). 일주일에 세 번, 25분씩 진행하는 수업을 6개월 정도 했습니다. 저렴하다는 장점이 있었지만, 주제가 다양하지 않고 대화의 깊이가 부족한 아쉬움이 있어서 나중에는 다른 업체를 선택했습니다. 일주일에 두 번 40분씩 아이가 미리 주제 관련 글을 읽고, 영어권 강사와 수업하는 방식이었습니다. 화상영어는 중학교 2학년까지 지속했습니다.

원서 읽기는 매일 저와 함께했어요. 6개월 정도 매일 1시간씩 소리 내어 읽기를 했답니다. 제가 한 페이지를 읽고, 아이가 다음 한 페이지를 읽는 것이죠. 선택한 책은 시리즈가 아니라 작가를 정해서 그 작가의 작품을 이어서 읽었습니다. 로알드 달(Roald Dahl)의 『마틸다(Madtilda)』, 『찰리와 초콜

릿 공장(Chalie and the Chocolate Factory)』, 로이스 로이의 『별을 헤아리며』, 『기억 전달자』와 같은 책으로요. 이후에는 한 달에 한두 권 정도 정해 주고 읽게 했습니다. 따로 내용을 확인하지는 않았어요. 아이가 잘 읽고 있는지만 물어보았고, '읽고 있어요'라고 하면 그대로 믿어 주었어요.

중학교 영어 내신은 자기주도학습으로

중학교에 들어가면서 아이의 영어 공부는 또 한 번 변화를 겪었어요. 국제학교 시절이나 초등학교 때와는 달리 영어 내신 시험을 챙겨야 했지요. 걱정되는 마음이 없지 않았지만, 중학교 영어 내신은 학교 수업만으로도 충분하다는 평소 생각이 있었기에 아이를 학원에 보내지 않았어요.

평소에는 원서 읽기나 영어 독해 문제집을 풀게 했고, 시험 3주 전에는 계획을 세워 학교 시험을 준비했어요. 학교 시험에서 가장 중요한 것은 교과서라는 것을 누구보다 잘 알고 있기 때문이었지요. 먼저 영어 교과서 본문을 여러 번 소리 내어 읽도록 했어요. 그리고 학습지를 참고하여 선생님이 강조하신 부분과 교과서에 나오는 문법 위주로 정리하게 했어요. 1년 정도 지켜보니 아이가 주로 틀리는 문제가 문법 문제라는 것을 발견했어요. 한국식 문법 용어를 어려워하기도 했고, 문장을 꼼꼼하게 분석하는 연습이 충분하지 않았기 때문이죠.

방학을 이용해 문법 특강 수업을 듣게 할까 고민이 있었지만, 아이가 영어 학원은 다니고 싶지 않다고 해서 제가 문법을 정리해 주었습니다. 예습이 아닌 복습이었죠. 중학교 2학년 겨울 방학 때 중학교 1학년, 2학년 문법을 정리했습니다. 문법 교재는 원서 문법 교재였고, 문법 문제가 많은 한국 문법 교재로 이해하지 못한 부분만 반복해서 연습시켰어요.

서술형 문제 대비로는 수업 시간에 나눠 준 학습지와 교과서 본문을 바탕으로 자기 글을 써 보게 했어요. 수행 평가를 하기 전에 세 번 정도 연습을 했고, 제가 점검하는 방법으로요. 중학교 2학년 1년 동안 이런 방식으로 공부했고, 중학교 3학년부터는 제가 특별히 가르치지 않아도 스스로 계획하고 공부하려고 하더군요.

물론 저는 영어를 가르치는 직업이라 가정에서 아이의 시험공부를 도와줄 수 있었어요. 하지만 꼭 직접 가르치지 않아도 부모가 조금만 도와주면 아이는 충분히 자신의 스케줄을 고려하여 스스로 계획을 세울 수 있어요. 아이가 필요하다고 느끼면 당연히 과외나 학원 수업도 도움이 되고요. 하지만 중요한 것은 무엇을 하든 스스로 계획을 세우고 공부하려는 연습이에요. 특히 초등학교와 중학교에서는요. 이런 경험이 있어야지 시행착오를 겪으면서 스스로 할 수 있거든요. 자기주도학습 습관은 고등학교, 대학교, 나아가 평생 교육 시대에 꼭 필요한 역량이잖아요. 당장 눈앞의 영어 성적보다 습관을 만들어 주는 연습을 많이 하게 해주세요.

초등학교 1학년, 처음 한글을 시작한 둘째

지금 초등학교 6학년인 둘째는, 돌이 갓 지나고 외국 생활을 시작했어요. '엄마' '아빠' 하고 겨우 입을 떼는 시기였지요. 아이가 처음 영어를 접하게 된 것은 우리 나이 다섯 살, 유치원에 다니면서부터였어요. 2년 정도 국제 유치원에서 즐겁게 놀면서 영어를 배웠지요. 2년 동안 다니긴 했지만 영어로 유창하게 말하거나 글을 읽는 수준은 안 되었어요. 또래보다 한국말도 영어도 늦었어요.

한국에 돌아왔을 때는 일곱 살이었어요, 걱정이 시작되었습니다. 당장 글을 읽는 것도 걱정이었지만, 한국말도 제대로 이해하지 못하는 것 같았거든요. 동시에 영어도 문제였어요. 영어로 유창하게 말은 못 했지만 귀는 뜨인 것 같으니 영어 환경을 유지하고 싶었거든요. 하지만 바쁜 저의 직장 생활로 아이를 제대로 돌보지 못하는 일상이 지속되었어요(첫째에게 더 집중한 하느라 둘째에게 소홀했던 이유도 있었습니다.).

초등학교 1학년이 되어서도 아이는 교과서를 제대로 읽어내지 못했어요. 코로나 시기까지 겹쳐 학교를 제대로 가지 못한 이유도 컸지요. 한글을 익히기 위한 여러 방법과 교재를 검색하다 알아낸 것이 바로 '책발자국 K-2 수준 평정 그림책 시리즈'였어요. 읽기 능력이 떨어진 저학년 아이들을 위한 문해력 개별화 교육 프로젝트로 개발된 책으로 유치원부터 초등 2학년 수준으로 만들었다고 해요. 한국판 '옥스퍼드 리딩 트리'처럼 레벨이 나누어져 있는 데다 얇아서 매일 부담 없이 읽기에 좋았어요.

듣기로 영어 시작하기

둘째는 첫째와 다르게 영어를 '듣기'로 시작했습니다. 국제 유치원에서 2년을 다녔지만 말을 유창하게 하는 시기도 아니었고, 읽기를 체계적으로 배우지 않았어요. 귀로 듣는 시간이 더 많았지요. 한국에 돌아와 여러 어

학원에 다니면서 테스트를 봤어요. 하나같이 하는 이야기가, 아이가 듣기는 충분한데 말을 잘 하지 못하고, 무엇보다 문장을 전혀 쓰지 못해서 레벨이 애매하다는 것이었어요. 결국 영어 유치원의 방과 후 수업으로 일부 초등학교 저학년을 모집하는 곳이 있어, 그곳에서 2년 동안 영어 수업을 들었습니다. 읽기와 쓰기 수업을 하지 않은 커리큘럼이라 아쉬움이 있었으나 즐겁게 영어를 유지하면서 다녔습니다. 그리고 집에서는 어릴 적 즐겨 보던 <페파 피그(Pepa Pig)>나 <미라큘러스(Miraculous: Tales of Ladybug & Cat Noir)>, <겨울왕국(Frozen)>을 영어로 보면서 듣기를 유지했어요.

챕터북으로 읽기 시작

둘째가 본격적으로 영어 챕터북을 읽기 시작한 것은 초등학교 5학년을 마칠 무렵이었어요. 늦게 시작한 이유는 아이의 한글책 읽기 습관이 부족했고, 어휘도 부족한 편이었거든요. 영어책도 조금씩 시작해 보려고 했지만 듣기에 익숙해서 그런지 읽으려고 하지 않아 억지로 시키지 않았어요.

어느 날 형의 책장에서 두꺼운 해리포터를 꺼내더니, "엄마, 나는 언제쯤 이 책을 읽을 수 있을까?"라고 하더군요. "그 책 시작하기 전에 비슷한 책으로 시작해 볼까?"라고 하며 『매직트리하우스(Magic Tree House)』를 읽기 시작했습니다. 아이가 혼자 읽기에는 어려운 편이라 제가 읽고 내용을 간단히 설명해 주었지요. 그리고 영어책 읽기 습관을 위해 사교육의 도움을 받아야겠다는 생각이 들어 동네에 있는 '영어 도서관' 학원을 보냈습니다. 학원에서는 아이가 5학년이라 문법을 같이 하면 좋겠다고 권했지만, 저는 일단 아이가 영어 읽기에 익숙해지는 것이 중요한 것 같아서 책을 많이 읽히는 방향으로 수업해 주기를 요청했습니다. 그리고 과제로 책을 가져오게 하여 집에서 다시 한번 제가 읽어 주고 아이도 읽게 하는 연습을 했지요. 점차 책 읽는 시간이 늘어갔고, 한 권을 다 읽었다는 성취감도 생겼습니다.

초등학교 6학년에 시작한 문법

첫째와 달리 둘째는 초등학교 6학년이 되어서야 본격적으로 영어 문법을 시작했습니다. 이전까지는 영어를 듣고, 읽고, 말하는 데 집중했기 때문에 문법책을 따로 풀어 본 적이 없었어요. 하지만 같은 학년 친구들이 학원에서 문법 특강도 듣고, 중학교 문제집을 푸는 것을 보고 아이가 먼저 조바심을 내더군요.

초등학교 6학년 여름 방학, 아주 쉬운 단계의 영어 문법 교재로 수업을 시작했습니다. 주어, 동사, 명사와 같은 기본 용어부터 익히고, 한 페이지에 한 가지 개념만 설명하는 교재였어요. 하루에 두 쪽씩 꾸준히 했고, 아이가 틀린 부분은 그날 바로 정리해 주었습니다. 특히 둘째가 어려워한 것은 be동사와 일반동사의 구분, 3인칭 단수 현재형 같은 문법이었어요. 예문을 보면서 짧은 문장을 스스로 만들어 보는 연습을 했습니다.

제가 가장 중요하게 생각하는 것은 문법 문제를 많이 풀게 하기보다 문법 개념을 '입으로 말해 보게' 하는 거였어요. 예를 들어 "He play or plays soccer?" 하고 물으면 아이가 스스로 "plays"라고 답하게 했지요. 이런 방식으로 문법이 머리로만 이해되는 것이 아니라 입으로도 자연스럽게 나올 수 있도록 도왔습니다.

문법 공부를 시작하면서 둘째도 문장의 구조를 더 잘 이해하게 되었고, 영어 독해와 쓰기 실력도 조금씩 좋아졌습니다. 또래와 비교하면 단어도 많이 모르고 여전히 실수도 잦지만, 천천히 꾸준히 하고 있으니 잘해 나갈 것이라 믿어요.

영어 공부보다 더 중요한 것

첫째와 둘째, 두 아이의 영어교육 과정을 돌아보면서 확신하게 된 것이 있습니다. 바로 '습관'이 가장 중요하다는 것입니다. 하루 10분이라도 책을 읽고, 듣고, 말하는 시간이 쌓이면 반드시 결과가 나옵니다. 그 속도가 조금 느릴 뿐이에요. 또 한 가지는 '스스로 하려는 마음'을 키우는 것입니다. 억지로, 불안해서, 남들이 다 하니까 시키는 공부는 오래가지 않아요. 특히 초등학교와 중학교 시기는 영어 실력보다 영어를 대하는 태도와 습관을 만드는 시기이기 때문에 억지로 시키고 싶은 마음을 잠시 멈추어야 해요.

부모가 해야 할 일은 완벽하게 가르치기보다 아이가 시행착오를 겪을 수 있는 기회를 주고 기다려 주는 것입니다. 아이가 필요하다고 느끼면 과외도 학원도 도움이 됩니다. 하지만 그것도 아이 스스로 결정할 수 있도록 해야 합니다. 그래야 평생 배움의 시대에 자기 주도적으로 공부할 수 있어요. 특히 영어는 성인이 된 지금도 계속 필요하잖아요.

영어 공부가 아이의 성장을 돕는 시간이 되기를 바랍니다.

사회 :
우리 주변 삶을 함께 배우는 공부
김서인

사회 공부는 어떻게 해야 할지 궁금하시죠? 그냥 책을 읽기만 해서 될까 하고 의문이 드나요? 충분히 그러실 수 있어요. 초등학교에서 사회는 3학년 교과서에 들어가서부터 시작하는 건 아니에요. 오히려 1, 2학년 통합교과에서부터 조금씩 배우고 그 내용을 심화하고 제대로 된 어휘와 함께 배우는 것이 사회 교과거든요.

아이와 함께 동네를 걸으며 "여기 왜 신호등이 있을까?" "우리 동네엔 왜 이런 상점들이 있을까?" 같은 질문을 주고받다 보니 더 재밌게 알려 줄 수 있다고 생각하게 된 거죠. 사회 공부는 바로 우리 아이들이 살아가는 이 순간, 이 공간에서 시작되는 이야기입니다.

사회 교과는 단순히 지역명이나 제도를 외우는 과목이 아닙니다. 우리 아이가 **사람들과 어떻게 더불어 살아갈지를 배우는 삶의 나침반**이에요. 그래서 가장 효과적인 사회 공부는 일상 속 대화와 경험에서 출발할 수 있어요.

아이들과 신문 혹은 뉴스를 살펴보시나요? 저녁 식사 후 뉴스를 함께 보며 "왜 이런 일이 일어났을까?" "우리라면 어떻게 했을까?" 같은 질문을 던져 보세요. 아이의 시각에서 바라본 사회 현상은 때로 어른들보다 훨씬 본질적이고 순수해요. 제가 아이와 함께 선거 뉴스를 보다가 "왜 사람들이 다른 사람을 뽑는 거예요?"라는 질문을 받았을 때, 민주주의의 가치를 설명하기보다는 "우리 반에서 반장을 뽑을 때 어떤 기분이었지?" 하며 아이의 경험과 연결시킨 적이 있어요.

학급에서 반장, 학교에서 회장을 뽑는 것은 아이들이 직접 참여할 수 없는 대통령, 국회의원 선거의 축소판이잖아요. 아이들이 선거 공약도 듣고, 그 공약을 잘 이행할지, 우리 학교 혹은 반을 위한 일이 맞는지에 대해 생각하며 따져보는 과정 하나하나가 아이들이 직접 민주주의에 참여할 수 있도록 하는 교육이니까요. 신문과 뉴스, 그리고 정치에 관한 이야기가 다소 예민하고 접근하기 꺼려지실 수 있어요. 하지만 우리 아이들이 미래에 직접 나라의 주인이 되어 살아가야 하는데 무조건 꺼리고 외면한다면 아이들은 '진짜' 나라에 대해 제대로 알 수 없어요. 중요한 정치 용어가 나온다면 설명해 주시고, 어려운 사회 용어가 나왔다면 사전도 찾아보고 함께 검색해 보면서 아이가 어려움을 만났을 때 어떻게 풀어 나가는지에 대해서 이야기를 나누어 보면 아이들에게 사회뿐 아니라 모든 분야에 있어서 단단한 힘이 될 거예요.

사회에서 빼놓을 수 없는 것이 지역에 대한 이해예요. 마트에 갈 때도 "우리 집에서 마트까지 어떤 길로 가는지 기억해 볼까?" "왜 이 길에 은행들이 많이 모여 있을까?" 같은 대화를 나눠 보세요. 아이가 직접 지도를 그려 보고, 우리 동네의 특징을 찾아보는 과정에서 자연스럽게 지리적 사고력이 키워진답니다. 또 마트에 있는 물건들이 어떻게 해서 내 손에 오게 되었는지 이야기 나눠 보는 것도 매우 좋은 방법이에요.

농부가 파를 밭에서 재배하고 그것이 배송되어 마트에 왔고, 우리가 파를 살 수 있는 것이라는 이야기 충분히 해줄 수 있지 않나요? 엄청 거창한 사회 지식이 들어가지 않아도 괜찮습니다. 나의 주변에 어떤 이야기들을 담고 있는지 아이가 호기심을 갖고 생각하게 해주고 아이를 둘러싼 사회를 점점 확장시켜 주는 것은 부모님도 할 수 있어요.

평상시에 부모님과 대화와 책을 통해서 사회 이야기를 접하게 된다면, 아이가 수업 시간에도 더 집중할 수 있고, 이야기로 들었던 것들을 개념으로 접목하다 보면 아이의 사회 교과 지식이 엄청나게 폭발하게 될 거예요.

저는 삼남매와 여행을 갈 때마다 민속 박물관과 자연사 박물관 등을 가려고 노력해요. 그 지역의 역사와 문화 등이 담겨 있는 곳이 박물관이기 때문에, 아이들이 직접 가서 느끼고 관람하면 훨씬 더 기억에 남기 때문이죠. 물론 아이들이 그곳의 안내문을 다 정독하진 않아요. 엄마의 바람과 다르죠. 그래서 박물관을 가기 전에 관련 지역 서적을 읽는다거나, 비슷한 부분을 일부러 검색을 함께 해보기도 한답니다. 확실히 '아는 만큼 보인다'고 이야기를 많이 듣거나, 책으로 직접 봤던 내용을 박물관에서 발견했을 때 아이에게 폭발적으로 그 지식이 흡수되는 것 같더라고요.

요즘은 국립박물관 및 지역 박물관 등에서 아이들을 위한 브로슈어도 많이 제작해서 배부하고 있으니, 꼭 들르실 때 읽기 자료로 모으셔서 아이들의 체험 포트폴리오를 만드는 것도 추천드려요.

가족회의에서 배우는 민주주의

우리 집에서는 한 달에 한 번 가족회의를 열어요. 여행지를 정하거나 집안 규칙을 만들 때 모든 가족이 의견을 내고 토론합니다. 처음에는 아이가 "그냥 엄마 아빠가 정해요"라고 했지만, 점차 자신의 의견을 표현하고 다른 사람의 의견을 듣는 법을 배웠어요. 이런 경험이 바로 **살아있는 민주주의 교육**입니다. 회의 주제로는 용돈을 정하는 것, 집안일을 나누는 것, 하다못해 식단을 짜 보는 것까지 다양하답니다.

아이들에게 직접 자신이 주체적으로 가족의 구성원으로서 참여할 수 있는 기회를 만들어 주면 생각보다 좋은 아이디어를 많이 내더라고요. 예를 들어 저희 아이들의 경우 배달은 한 번만 하자고 이야기하더니, 식단을 보고 갑자기 먹고 싶은 것이 생기면 옆에 메모해 놓고 그 다음 주 식단에 반영했어요. 용돈을 정할 때도 어디에 필요한지 생각하며 아이들과 대화를 통해서 금액을 정했답니다. 회의 시간에 저축이나 기부에 대한 이야기도 살짝 곁들이며 이야기하니 거부감 없이 받아들이고요.

가족회의로 만든 식단표

 용돈은 받는 것보다 어떻게 쓰는지에 대해 배우는 과정이라고 생각해요. 그래서 꼭 적은 돈이더라도 아이들에게 용돈 관리를 해볼 수 있도록 하는데요. 아이에게 용돈을 줄 때도 "이번 달 용돈으로 뭘 할지 계획을 세워 볼까?" "저축과 소비의 비율을 어떻게 정할까?" 같은 대화를 나눠 보세요. 마트에서 물건을 살 때도 가격을 비교해 보고, 꼭 필요한 것과 갖고 싶은 것을 구분해 보는 연습을 함께 해보세요. 그리고 아이들과 함께 경제 관련 미션을 찾아서 도전해 보세요. '부자아이클럽'이라는 선생님들께서 직접 운영하시는 곳에서 온라인으로 교육도 받고, 미션에도 참여하면서 저희 아이들은 경제에 대해 조금씩 알게 했어요.

 이뿐만 아니라 다양한 미션 프로그램들이 많이 있기 때문에 온라인으로 검색하고 내 아이와 맞을 것 같은 느낌이 든다면 참여해 보면서 기본적인 경제 공부 환경을 충분히 만들어 줄 수 있어요.

 사회 공부는 혼자 하는 게 아니에요. 우리 아이가 세상을 바라보는 눈을 키워 주는 일이고, 그 과정에서 부모인 우리도 함께 배우고 성장합니다.

때로는 아이의 질문에 당황하기도 하고, 명확한 답을 주지 못해 아쉬울 때도 있어요. 하지만 그런 순간이야말로 "함께 알아보자"며 아이와 같이 배우는 소중한 기회가 될 거예요.

   정답을 가르쳐 주는 것보다 함께 질문하고, 함께 고민하고, 함께 찾아가는 과정 자체가 우리 아이에게는 가장 값진 사회 교육이 될 거예요. 오늘부터 아이와 함께 우리 주변의 작은 것들에 관심을 가져 보세요. 그 호기심과 대화 속에서 아이는 세상을 이해하는 넓은 시야와 따뜻한 마음을 키워 나가게 될 것입니다.

과학 :
세상을 새롭게 바라보는 즐거움
전영신

아이를 키우다 보면, "왜?"로 시작되는 질문의 폭풍을 한 번쯤은 맞게 됩니다. 지렁이는 왜 비 오는 날을 좋아하는지, 선풍기 날개가 돌아가면 왜 시원한 바람이 일어나는지, 숨차게 뛰면 왜 땀이 흐르는지. 어른이 보기엔 사소한 궁금증이지만 아이에겐 세상을 배우는 문이 열리는 순간이지요. 저는 그 질문 하나하나에 성실히 반응하려 노력했고, 함께 찾아보는 과정을 통해 아이와 저 모두 과학의 재미에 빠져들었어요. 그 과정에서 깨달은 건, 과학은 교과서보다 삶 속에 훨씬 많이 숨어 있다는 사실이었어요.

과학은 지식을 외우는 공부가 아니라, 세상을 새롭게 바라보는 시선이에요. 청소기가 어떻게 먼지를 빨아들이는지 관찰하고, 고구마를 먹고 뀐 방귀 냄새가 지독한 이유를 궁금해하는 일상 속 순간들이 바로 과학의 출발점이죠. 특별한 실험 도구 없이도 질문하고 관찰하고 함께 이야기 나누는 시간이 과학 공부의 핵심이에요. 저는 아이가 과학을 통해 생각하는 힘을 기르고, 세상을 더 깊이 이해하길 바라요. 그리고 그 시작은 언제나 집에서 부모의 따뜻한 관심과 반응에서 비롯되었지요.

아이의 "왜?"라는 질문을 붙들다

아이가 아주 어릴 때, 저는 세상의 모든 것을 오감으로 경험하게 해주고 싶었어요. 자연으로 나가 모래와 풀을 만져 보고, 머리카락을 간지럽히는 바람을 느끼게 해주고, 해질 무렵 하늘빛의 변화를 오래도록 관찰했어요. 물감을 발바닥에 칠하고 도화지를 밟게 하기도 했고, 하루종일 밀가루 반죽을 조몰락거리거나 물이 흐르는 소리를 듣기 위해 화장실에서 우산을 쓰고 놀았지요.

하지만 집 밖에서 보낸 시간이 훨씬 많았어요. 동네 공원을 매일 돌며 꽃과 나무를 통해 계절의 변화를 관찰했고, 마트에 가면 늘 새로운 채소와 과일을 한 가지씩 골라 맛보게 했어요. 맛, 냄새, 소리, 색깔, 촉감, 모든 감각을 충분히 탐색하는 것이 아이에게는 과학의 시작이라고 생각해요. 저는 과학을 '설명해 주는 것'보다 '느끼게 해 주는 것'이라고 믿었어요.

아이가 자라고 말이 트이자 쉼 없이 '왜'를 쏟아냈어요. "비는 왜 와요?", "슬프면 왜 눈물이 나요?", "얼음은 왜 차가워요?", "딸꾹질은 왜 나요?" 하루에도 몇 번씩 질문 폭탄이 터졌습니다. 저는 "원래 그런 거야"라고 대답하는 대신 정말 하나하나 다 찾아보았어요. 책을 함께 읽고, 관련 영상을 찾아 보여주기도 하고요. 저 역시 궁금한 것을 알아가는 그 시간이 즐거웠답니다.

그 질문들 덕분에 저의 과학 공부도 다시 시작되었어요. 수업 준비처럼 치밀하지 않아도 괜찮아서 부담이 덜했어요. 대학과 대학원에서 과학교육을 전공했지만 아이의 궁금증으로부터 시작되는 과학은 또 다른 느낌이었어요. 아이가 궁금해하는 그 순간, 함께 찾아보며 '알아가는 즐거움'을 나누는 것이 가장 중요했어요. 한 번은 딸꾹질에 대해 검색하다가 횡격막 이야기가 나와 인체 그림까지 보여주며 설명했고, 아이는 그걸 보고 다음 날 유치원에서 친구들에게도 알려 줬다고 자랑하더군요. 앎의 기쁨이 앎의 나눔으로까지 퍼져 가는 순간이었지요.

아이의 탐색을 가로막지 않으려고 노력했어요. 남에게 피해를 주지 않고, 위험이 없다면 웬만한 건 다 허락했어요. 비 오는 날이면 웅덩이에서 첨벙거리게 했고, 흙탕물 범벅이 된 옷을 직접 빨겠다는 말에 세면대와 욕실이 엉망이 돼도 말리지 않았습니다. 과학은 실험이며, 실험은 실패와 반복이 전제된다고 생각했어요. 세탁 세제의 종류를 달리하며 얼룩을 지워 보는 것, 사과를 깎다가 생긴 색 변화에 대해 묻는 것, 먹은 음식의 종류에 따라 소화되는 속도를 비교하는 것, 모든 게 일상 속 과학이었어요. 실험실도 과학 키트도 필요하지 않았습니다. 궁금한 것을 스스로 해결해 보는 경험이 곧 과학의 출발점이라고 믿었습니다.

아이의 호기심이 결코 멈추지 않기를 바랍니다. 무심히 던진 질문도, 기묘한 실험도, 그 모든 시도가 하나의 씨앗이 되어 아이 안에 자라고 있다는 걸 느꼈기 때문입니다. 아이가 생각을 더듬으며 실마리를 찾는 모습을 보며, '생각하는 힘'이란 바로 이런 순간에 자란다는 걸 알게 되었어요.

'왜'에서 시작된 질문이 언젠가는 '어떻게'로 이어지고, '어쩌면'이라는 가설로 발전하길 기대합니다. 일상에서 느끼는 모든 감각과 호기심이 과학적 사고로 이어지고, 그 사고가 다시 세상을 보는 눈을 키우는 순환으로 이어져요. 그렇게 과학은, 교과서가 아닌 일상에서 시작되었습니다.

집은 곧 과학 교실, 과학관은 곧 놀이터

엄마는 과학 교사가 아닙니다. 집에는 실험용 비커도 정밀한 저울도 없어요. 사실 있을 필요도 없고요. 대단한 과학 실험을 준비하려 들면, 오히려 엄마가 지치고 아이는 기다리다 흥미를 잃기 쉽습니다. 그래서 저는 '시간을 두고 관찰할 수 있는 것'은 모두 실험이라고 생각했어요. 예를 들어, 꽃병에 물감 섞은 물을 넣으면 꽃잎 색이 변할까? 설탕을 탄 물에 담근 꽃은 정말 더 천천히 시들까? 식빵에 방부제가 많으면 곰팡이가 늦게 생긴다던데 마트 식빵과 베이커리 식빵을 나란히 두면 어떤 차이가 날까?

이런 실험에는 거창한 준비도, 특별한 실험도구도 필요하지 않았습니다. 눈에 보이는 변화를 기록하며 아이와 함께 관찰하는 것, 그것만으로도 충분했어요. '기다리는 시간'이 관찰력과 인내심을 키워 주었고, 결과를 예상하고 비교해 보는 과정이 곧 과학 공부였습니다. 대단한 계획 없이도 과학은 일상에 자연스럽게 스며들었어요.

학원이나 교재 대신 집 안의 모든 사물과 사건이 과학 실험의 재료가 되었어요. 냉장고 속 음식, 욕실의 물기, 창밖의 날씨, 심지어 벌레 물린 상처의 모양과 크기까지도 아이에게는 모두 탐구 대상이었죠. 저는 이런 일상의 발견들이 교과서보다 훨씬 강력한 배움의 도구라고 느꼈습니다. 무언가를 직접 보고 만지고 느낀 경험은 아이의 기억 속에 오래 남았어요.

저는 이런 과정에서 "이게 진짜 과학이네" 하고 감탄했고, 아이는 "진짜 재미있다!"며 몰입했어요. 실험 자체보다 더 중요한 건 결과를 보며 생각을 길어올리는 것이었고, 실험 키트를 준비하는 것보다 더 요긴한 건 엄마와의 대화였다고 생각해요. "왜 이렇게 됐을까?", "다음에는 어떻게 바꿔 볼까?" 같은 질문을 던지며 우리는 생각하는 힘을 키워 갔습니다. 결과를 정확히 맞히는 것보다 결과를 예측하고 그 이유를 함께 고민하는 시간이 훨씬 더 의미 있었어요.

물론 엄마가 보여줄 수 없는 과학의 세계가 훨씬 넓습니다. 우주의 탄생이나 공룡 시대의 지질 구조 같은 것은 말로 설명하기 어렵고 실험에도 한계가 있죠. 이 모든 것을 생생하게 보여주고, 경험하게 해준 곳이 바로 '과천과학관'입니다. 그곳은 우리 가족에게 '과학 놀이터'였고, 집앞 놀이터만큼 자주 갔습니다. 특별 전시나 체험 프로그램도 많아 매번 새롭고 재미있었고, 상설 전시도 워낙 다양해 하루에 다 보지 못할 정도였어요.

과학관에 다녀온 날은 그냥 잠들지 못했습니다.

"오늘 본 지구 내부 구조, 진짜 신기하지 않았어? 과학자들은 어떻게 그걸 밝혀낸 걸까?", "천체관측기구도 신기했어요. 언젠가 직접 우주에 가서 그런 것들을 정말 볼 수 있을까요?"

국립과천과학관
(경기 과천시 상하벌로 110)

국립항공박물관
(서울 강서구 하늘길 177)

    이렇게 대화를 이어가며 배움의 여운을 오래 남겼습니다. 다음 날 동네 도서관에 가서 관련된 책을 찾아보는 것도 잊지 않았고요. 과학은 '보고 끝나는 것'이 아니라 '보고 생각하고 더 궁금해하는 것'임을 자연스럽게 실천했어요.

    과천과학관이 좋다는 걸 알고 나니 다른 과학관도 궁금해졌습니다. 그래서 가족여행을 떠나기 전 그 지역에 과학관이나 자연사박물관이 있는지부터 확인했어요. 제주도에서는 제주항공우주박물관, 서울에서는 서대문자연사박물관, 김포의 국립항공박물관과 용인의 곤충테마파크까지. 여행을 시작하기 전에 그 이름만 들어도 아이가 눈을 반짝였지요. 아이와 함께 전국의 과학관을 하나둘 찾아다니다 보니, "우리나라에 이렇게 좋은 과학관이 많았나?" 새삼 놀랐습니다. 과학관에서의 경험은 교실에서도 학생들에게 더 다양한 과학 이야기를 들려주는 생생한 재료가 되었어요.

전문가들이 구성한 전시와 체험 공간은 그 자체로 하나의 과학 수업이었습니다. 애쓰지 않아도 몸으로 부딪히며 즐거움을 만끽하고 과학에 흥미를 가질 수 있었어요. 아이가 과학관에서 신나게 놀고 나면 자연스럽게 더 알고 싶어했고 공부로 이어졌습니다. 아이가 먼저 질문하고 엄마와 함께 궁금증을 해결하는 경험, 그것이야말로 우리 가족만의 과학 수업이었어요.

과학은 세상을 이해하는 언어

아이가 초등학교에 입학한 후에는 교과서를 자주 들여다보게 되었습니다. 특히 3학년이 되면 처음 과학 교과서를 만나는데, 교실에서 다 이해하기 어려운 부분이 많다는 걸 알게 되었어요. 그래서 주간학습 안내장을 참고하거나 아이에게 직접 물어 아이가 학교에서 '지금' 배우고 있는 과학 내용을 확인했어요. 그런 다음 평소 일상에서, 또는 주말을 활용해 배움을 확장할 기회를 만들었습니다.

예를 들어, '작은 힘으로 물체를 움직이는 도구'를 배울 때는 지레와 빗면의 원리가 숨어 있는 생활 도구를 함께 찾아보았어요. 병따개, 문손잡이, 빨래집게, 가파른 경사로 등이 모두 지레나 빗면의 예라는 걸 함께 알아보았죠. 식물 단원을 배울 때는 온 가족이 식물원에 다녀왔습니다. 책에서 본 잎의 구조나 꽃의 모양을 실제로 보고 만져 보며 아이는 교과서보다 훨씬 생생하게 과학을 느꼈어요.

학교 교과서 진도를 활용한다고 해서 그것이 '공부'라는 이유로 갑자기 딱딱하고 지루하게 느끼는 건 원치 않았습니다. 늘 경계했어요. 저는 과학이 교실이나 교과서에만 있는 것이 아니라, 우리 주변 어디에나 있다는 걸 아이가 자연스럽게 느끼길 바랐습니다. <mark>과학을 알면 세상이 더 잘 보이고, 더 흥미롭게 읽힌다</mark>는 걸 알려 주고 싶었어요. 사실 그것은 제가 아이와 함께 과학을 즐기며 다시 깨달은 부분이기도 합니다.

과학을 하나의 언어처럼 사용하고 싶었어요. 길을 걸으며 만난 무지개에 대해 이야기하고, 전철의 스크린도어가 어떻게 자동으로 열리고 닫히는지 궁금해하며 함께 찾아봤습니다. '과학'이라는 말을 직접적으로 언급하지 않고도 과학 이야기를 나누는 시간이 아이에겐 훨씬 자연스럽게 다가갔어요. 학습을 위한 지식이 아니라, 일상 속 풍경과 궁금증을 바라보는 시선 속에서 과학은 언제나 우리 곁에 있었습니다.

과학잡지와 책, 영상도 우리 가족의 중요한 과학 공부 수단이었어요. 아이가 즐겨 본 건 《어린이과학동아》와 『흔한 호기심』 시리즈였어요. 《어린이과학동아》는 과월호를 중고마켓에서 저렴하게 구입해 쌓아두었고, 아이는 보고 싶은 기사만 골라 읽곤 했습니다. 표지만 보고 골라 읽어도, 한 권을 다 읽지 않아도 괜찮다고 생각했어요. 궁금할 때 찾아보고, 흥미가 있을 때 몰입하는 태도가 더 중요하다고 믿었습니다.

제가 추천하기도 전에 아이가 먼저 빠져든 책이 바로 『흔한 호기심』 시리즈였는데요. "엄마, 빨래를 건조기에 돌리면 왜 줄어드는지 알아요?", "엄마, 엑스레이가 어떻게 뼈 사진을 찍는지 아세요?", "엄마, 내 얼굴이 왜 엄마아빠랑 닮았는지 알아요?" 아이는 밥을 먹다가도 생각이 떠오르는지 책에서 읽은 것들을 제게 퀴즈를 내듯 쏟아냈어요. 저는 궁금해 죽겠다는 표정으로 아이의 목소리에 귀를 기울였습니다. 아이는 엄마에게 과학상식을 뽐내며 자신감을 높였고, 자신의 언어로 설명하는 과정에서 과학지식이 더 단단해졌어요.

뉴스 기사나 다큐멘터리 영상도 가끔 함께 봤습니다. 아이 수준에 맞게 편집된 어린이 뉴스 채널을 활용해 자연재해, 우주 개발, 바이러스와 백신 이야기 등을 보며 대화를 이어갔어요. 아이가 궁금해하면 검색해 보여주고, 함께 정리해 보는 방식이었습니다. 지식보다 중요한 건 '그 상황을 바라보는 태도'였기에 저는 늘 생각의 방향을 열어 주는 질문을 더 많이 하려 노력했어요.

제가 아이와 함께 궁극적으로 탐구하고 싶은 과학은 '지구를 살리는 과학'입니다. 환경오염, 지구온난화, 생물 다양성, 전염병, 생태계 파괴 등은 모두 과학의 시선으로 들여다보고 대처할 수 있는 주제들이죠. 단순히 개념을 이해하는 수준을 넘어서 왜 이런 일이 일어나는지, 우리는 무엇을 바꿀 수 있는지 함께 고민하고 싶었어요.

아이의 공부가 결국 앞으로 살아갈 미래를 위한 준비라면, 그 미래는 건강한 지구 없이는 존재할 수 없습니다. 저는 아이가 과학을 통해 세상을 이해하고, 세상을 지키는 삶을 살면 좋겠어요. 지구를 이해하고 사랑하는 마음이 자라날 때, 과학은 가장 따뜻한 언어가 된다고 믿습니다.

4장

흔들릴 때, 함께 다시 일어서는 공부

실패, 감정, 회복을 이끄는 부모의 관점

실패를 딛고 일어서는 회복탄력성
엄월영

우리 아이들은 자라는 과정 속에서 수많은 실패를 경험합니다. 받아쓰기에서 틀리고, 수학 문제를 풀지 못하고, 친구와의 갈등 속에서 실수하기도 해요. 그럴 때마다 아이들은 좌절을 느끼고 때로는 자신감을 잃지요. 하지만 이 모든 실패 속에 진짜 공부가 담겨 있답니다. 실패는 단지 '못했다'는 결과가 아니라, '다음에 더 잘할 수 있는 기회'예요. 내가 무엇을 몰랐는지, 어떤 점에서 놓쳤는지를 알게 되는 순간이 진짜 배움이 시작되는 시점이기 때문이지요.

물론 많은 부모님께서는 자녀가 실수하거나 실패하는 모습을 보면 안타까운 마음에 도와주고 싶으실 거예요. 귀한 내 새끼 눈에 눈물 나면 내 마음에서는 피눈물이 나는 게 부모의 마음이니까요. 하지만 부모님들께서 도와주는 순간, 아이가 스스로 배우고 성장할 수 있는 소중한 기회를 뺏게 되는 것과 다름이 없답니다. 실패를 경험한 아이는 자신의 부족함을 깨닫고, 어떻게 하면 더 잘할 수 있을지 고민하게 되는데 그런 기회를 부모님께서 대신 해 주시기 때문에 아이들은 작은 실패에도 무너질 수밖에 없어요. 아이들이 살면서 늘 성공하기만 하면 좋겠지만 현실적으로 불가능하니까요. 부모와 학교라는 안전한 울타리가 있는 곳에서 다양하게 크고 작은 실패를 만나고 이를 극복하는 경험을 많이 해 봐야 사회에 나가서도 다양한 실패 속에서 단단하게 일어설 수 있어요. 실패를 경험하고 그 실패를 통해 깨달음을 얻고 성장하는 과정이 바로 진정한 학습의 시작이랍니다.

실패에 주저앉는 아이들

그런데 요즘 학교에서는 실패를 유연하게 대처하고 넘기지 못하는 친구들을 점점 더 많이 만나게 되는데요. 그 중 학교에서 본 친구들의 이야기를 해보고자 합니다. 단위 학교 영재학급 수업 시간, 학교에서 선발 시험을 통해 합격한 20명의 초등 4학년 학생들과 과학 수업을 할 때였습니다. 이론을 설명하고 실제로 학생들이 구조물을 만들 차례, 영재학급인 만큼 제법 난이도가 있는 구조물이었던지라 만드는 게 만만치는 않았어요. 그래도 차근차근 한 단계씩 제작해 나가고 실험에 성공하는 친구들이 하나둘 보였지요. 대부분의 친구들이 활동을 마무리할 즈음 두 친구가 고군분투하고 있었습니다.

그러다 그 중 한 친구가 훌쩍이기 시작했습니다. 본인은 구조물을 완성할 수 없단 생각이 들었던 모양인지 아무것도 하지 않고 손을 놓은 채 울고만 있었지요. 교사로서 달래 보고 끝까지 완성하도록 격려했지만 이미 이 친구에게는 그럴 의지가 없었습니다. 그저 본인이 할 수 없다는 패배감에만 휩싸인 상태였지요. 사실 이 아이는 수학, 과학 실력이 좋아서 주변의 인정을 받고 있었고 지역 공동 영재학급에도 선발이 되어 수학, 과학 수업에 따로 참여하고 있었어요. 그런데 자신이 주어진 미션을 수행하지 못한다는 사실을 받아들이지 못하고 바로 포기해 버린 것이지요.

"선생님, 걔는 원래 잘 안 되면 울어요."

주변 친구들의 반응을 보니 이런 경험은 그 친구에게 종종 있었던 모양입니다. 반면 다른 한 친구는 어떻게든 마무리한다는 각오로 수업이 끝나고 친구들이 집에 모두 간 뒤에도 남아서 계속 시도해 보더니 결국에는 만들기에 성공했습니다. 그 모습을 보고 전 진심을 담아 박수를 쳐 주었지요. 그 친구는 자신이 만든 구조물을 들고 만족스러운 표정으로 하교했답니다.

두 학생을 보고 여러 생각이 들었지요. 먼저 첫 번째 학생을 보며 교사로서 참 안타까웠어요. 본인이 다시 감정을 추슬러 진행했더라면 충분히 완성할 수 있을 것이고, 완성한 구조물의 실험 결과가 좋게 나오지 않았더라도 그 안에서 충분히 배울 수 있었을 텐데 손을 놓았으니까요. 그런 작은 실패와 이를 극복하는 배움의 과정을 안전한 울타리 안에서 보호받고 있는 학생 때 많이 경험해야 나중에 실수나 실패를 발판 삼아 앞으로 나아갈 수 있을 텐데 말입니다. 추후에 이 학생에게 실패해도 괜찮다고 감정을 잘 다스리는 게 중요하다고 이야기해 주었는데 제 조언을 귀담아 들었을지는 의문이에요. 마음처럼 잘 안 될 때마다 주저앉아 울고만 있다면 앞으로 더 나아가기 힘들 거예요.

그리고 두 번째 학생을 보면서 이 친구는 나중에 어떤 어려움과 실패가 있어도 자신이 마음먹은 것은 어떻게든 해내겠구나 하는 생각이 들었답니다. 이 친구에게 오늘의 경험은 구조물을 완성한 것에서 그치지 않을 거예요. 언젠가 이 학생이 만날 좌절과 실패의 순간에 어쩌면 이날의 기억이 떠오를 수도 있겠지요. '그때, 완성하는 게 쉽지 않았는데 계속 하다 보니까 되던걸? 그러니까 이번에도 노력하면 될 거야!'

여러분은 부모로서 우리 아이가 실패에 대처할 때 어느 아이처럼 하길 원하시나요? 당연히 두 번째 아이일 것입니다. 무수히 마주할 실패를 그러려니 흘려버리는 용기, 마음에 상처는 있을지언정 무던히 넘어가는 의연함, 그래도 끝까지 과제를 완수하고자 하는 집념. 모두 실패를 경험하고 성공했을 때에 키워지는 능력들일 것입니다. 우리 아이들은 다양한 실패를 경험하고 있나요?

실패를 딛고 일어서는 힘, 회복탄력성

앞선 아이처럼 작은 실패에 쉽게 무너지는 친구들에게는 실패를 딛고 일어서는 힘, 즉 회복탄력성을 키우는 것이 무엇보다 필요해요. 여기서 회복탄력성이란 어려움이나 실패, 스트레스와 같은 부정적인 경험을 겪은 뒤에도 다시 일어설 수 있는 심리적 힘을 말해요. 단순히 힘든 일을 견디는 것에서 그치는 것이 아니라 그 경험을 통해 배우고 성장하여 이전보다 더 나은 모습으로 나아갈 수 있는 능력이기도 하지요. 회복탄력성이 높은 사람은 실패를 삶의 끝이 아니라 배움의 일부로 받아들이며, 좌절 속에서도 희망을 잃지 않고 긍정적인 태도를 유지하려고 노력한답니다.

학생들이 공부할 때에도 회복탄력성이 요구되는 상황은 많습니다. 시험에 실패했을 때 좌절을 딛고 툭툭 일어서 다시 도전하는 의지, 과제를 하다가 실수했을 때 실수한 내 모습에 매몰되기보다는 실수를 되짚으며 개선하려는 태도 모두 회복탄력성의 힘이지요. 그리고 이해하기 어려운 문제나 개념도 포기하지 않고 끝까지 해내려는 끈기, 모둠 활동 중 갈등 상황에 다 내려놓고 싶음에도 관계를 회복하고 다시 힘을 합쳐서 미션을 수행하는 태도 역시 모두 회복탄력성이 높은 학생들이 보이는 모습이랍니다.

우리 아이의 회복탄력성을 키우려면 먼저 나 자신에 대한 긍정적인 인식을 가지는 것이 필요해요. 실패나 실수 앞에서 대부분의 사람이 가장 먼저 보이는 반응은 자책일 거예요. "난 왜 이렇게 못하지?" "이건 나 때문이야."와 같은 자기 비난은 문제 해결에 아무런 도움이 되지 않습니다. 오히려 자신감을 떨어뜨리고 다시 도전할 용기를 잃게 만들지요.

이처럼 자신의 존재 자체를 부정하지 않고, 실패와 실수를 성장의 일부로 받아들이는 태도는 건강한 회복의 출발점이에요. 실패를 '잘못'이나 '부끄러운 일'로 여기지 않도록 하는 것이 제일 중요해요. 사실 대부분의 부모님은 아이의 실수나 실패를 마치 내가 저지른 것처럼 아파하고 속상해하거나, 아이에 대한 기대가 커서 아이의 실패를 잘 받아들이지 못하는 경우가 많아요. 이런 감정은 아이에게 고스란히 전달된답니다. 그래서 부모님도 자녀의 실패에 속상한 감정을 덜어내고 아이가 잘 이겨낼 수 있도록 하려는 마음가짐이 중요해요. 그리고 진심 어린 마음으로 "괜찮아, 누구나 실수할 수 있어."라는 따뜻한 말 한마디를 전해주세요. 가정에서 실패를 자연스럽게 받아들이는 분위기가 형성되어야 아이는 다시 도전하는 용기를 갖게 된답니다.

또한 부모님께서는 긍정적인 태도로 아이를 바라봐 주시면 좋겠어요. 아이들은 부모님의 말과 행동 하나하나에 깊은 영향을 받으며 자란답니다. 아이가 어떤 상황에 처했을 때, 부모님이 어떻게 대응하는지를 지켜보며 세상을 바라보는 시각을 형성해 나가는 것이지요. 특히 '실패'라는 경험은 아이의 성장 과정에서 피할 수 없는 자연스러운 일부입니다. 이때 부모님께서 아이의 실패를 비난하거나 실망하는 태도로 받아들이기보다는 그 자체를 성장의 과정으로 받아들이고 아이가 최선을 다한 점에 집중해 주신다면 아이는 자신을 부정하지 않고 자신감을 유지할 수 있어요. 긍정적인 태도는 아이에게 날개를 달아 주는 것과 같습니다. 지금 당장은 눈에 띄는 성과가 없더라도 아이가 노력하고 있다는 사실 그 자체를 소중하게 여겨 주시고 아이가 자신의 가능성을 믿을 수 있도록 부모님께서 믿어 주세요.

산만한 아이와 회복탄력성

산만한 아이를 키우는 부모님이라면 아이의 집중력과 산만함 때문에 고민이 많으실 거예요. 주의가 쉽게 흐트러지는 아이들은 학교생활이나 또래 관계, 학습에서도 어려움을 겪는 경우가 많아서 자존감이 낮아지거나 좌절감을 느끼기 쉽지요. 그렇기에 산만한 아이들에게 회복탄력성은 아이가 긍정적으로 성장하는 데 큰 힘이 될 거예요. 회복탄력성은 학생들의 타고난 성향 외에도 가정이나 학교, 친구와의 관계, 자신을 바라보는 태도 등 다양한 환경과 경험을 통해 길러질 수 있는 능력이랍니다. 아이들을 대하는 부모님의 태도, 작은 도전과 성공 경험을 통해 회복탄력성을 키우는 꿀팁을 지금부터 알려드릴게요.

1) 마음 내려놓기

대부분의 부모님이 내 아이의 산만함을 머리로는 이해하지만, 마음으로 받아들이는 일은 생각보다 쉽지 않습니다. "살짝 덤벙거리는 정도인데 뭘." "조금 장난기가 있는 것뿐이지." 하고 가볍게 넘기려는 경우가 많지요. 사실 저도 그랬답니다. 우리 아이가 덤벙거릴 때마다 저는 단지 남들보다 꼼꼼하지 못할 뿐이라고 여겼어요.

그런데 그런 마음으로 아이를 바라보면 결국 아이의 실수를 받아들이지 못하고 자꾸 지적하고 혼내고야 마는 저를 발견하지요. 특히 문제를 풀 때 실수를 반복하거나 해야 할 학습 분량을 미루고 깜빡하는 모습을 보면, 불안한 마음에 "이래서 되겠어?" 하는 생각이 들며 부정적인 피드백을 주게 됩니다. 그런데 부정적인 대화만 오가게 되면 자연스레 아이와 부모 사이에는 거리감이 생기고 관계가 나빠지게 되지요. 그렇다고 해서 아이에게 아무 말도 하지 않고 그냥 포기하는 것도 옳지 않아요.

결국 산만한 아이를 둔 부모가 가장 먼저 가져야 할 태도는 욕심을 버리고 '마음을 내려놓는 것'입니다. 우리 아이가 산만하다는 사실을 일정 부분 인정하면, 그만큼 부모의 기대치도 조정할 수 있게 되지요. 아이에 대한 과도한 기대를 내려놓고 나면 아이를 바라보는 시선이 훨씬 부드러워지고, 실수에 대해 더 너그러워질 수 있어요.

여기에서 한 가지 제가 추천드리고 싶은 것은, 혹시 우리 아이가 산만한 건 아닐까 하는 생각이 든다면 상담센터나 소아정신과에서 집중력 검사, 혹은 풀배터리 검사 등을 받아보는 것이에요. 학교 현장에서 가장 안타까운 경우 중 하나는, ADHD가 의심되는 아이들이 의학적인 처방이나 지원을 받으면 훨씬 좋아질 수 있는데도 부모님이 이를 받아들이지 못해 방치하면서 아이가 계속 어려움을 겪는 경우였어요.

이런 아이들을 보면 심성도 착하고 학습 능력도 나쁘지 않은데 산만함 때문에 자신의 행동을 스스로 조절하지 못하고 과잉 행동으로 이어지는 경우가 많아요. 이로 인해 교실에서 주의를 받거나 친구 관계에서 갈등을 겪게 되고, 그 경험이 반복되면서 아이 스스로 자존감을 잃게 되는 결과로 이어지게 되지요.

검사를 받는 것이 꼭 ADHD 진단을 받기 위한 것만은 아니에요. 우리 아이가 현재 어떤 상태에 있는지를 전문가의 객관적인 눈으로 확인해 보기 위한 과정이라고 생각해 주세요. 전문가의 평가를 통해 아이의 특성을 정확히 이해하게 되면 부모로서 아이를 더 잘 돕고 지지해 줄 수 있는 힘이 생기니까요. 저 역시 아이의 산만함을 받아들이기 전에는 이런 말을 자주 했어요. "너 이것도 못 해?" "정신 안 차릴 거야?" 이 말들에는 제가 아이에게 기대하는 '평범함' 혹은 '모범적인 모습'이 담겨 있었고, 아이는 그런 말에 자꾸 주눅이 들곤 했지요. 하지만 마음으로 아이의 상태를 인정한 뒤부터는 제 반응이 달라졌어요.

"이게 아이에게도 힘들겠구나." "일부러 그런 건 아닐 텐데…… 더 차분하게 알려 줘야겠다."

이런 생각이 자연스럽게 들면서 아이에게도 따뜻하게 다가갈 수 있었고, 아이 역시 편안하게 자기 행동을 되돌아볼 수 있는 여유가 생겼지요. 산만함은 그 자체로 비난받아야 할 문제가 아니라 도움과 이해가 필요한 '특성'이에요. 부모가 그 사실을 진심으로 받아들일 때, 아이는 실수에서도 성장할 수 있는 기회를 얻게 된답니다. 아이를 바꾸기보다 먼저 부모의 시선을 바꾸는 일이 산만한 아이를 위해 가장 먼저 변화되어야 할 일인지도 모릅니다.

2) 명확하고 일관된 규칙 제공하기

산만한 아이에게 여러 가지 복잡한 규칙을 한꺼번에 제시하면 오히려 혼란에 빠질 수 있어요. 머릿속이 정리되지 않은 채 이것저것 지시를 받게 되면, 무엇을 우선으로 해야 하는지 판단하기 어렵고, 자칫 모든 지시를 놓치는 상황이 생기기도 하죠. 그래서 가장 중요한 것은 규칙적인 일과를 설정하고, 해야 할 일을 간결하고 명확하게 전달하는 것입니다. 산만한 아이에게는 특히나 '명확한 지시'가 중요해요. 부모가 아무리 선의로 여러 가지를 알려 주고 지도한다 해도 아이 입장에서는 많은 말이 쏟아질수록 그것을 정리해 머릿속에 담아두는 게 더 어렵게 느껴지니까요.

저 역시 우리 아이에게 '정말 중요한 몇 가지 규칙'에만 집중했어요. 그 중에서도 가장 우선순위를 둔 것은 '학원 가는 시간을 잘 지키는 것'이었어요. 아이가 수업 마치고 친구들과 운동장에서 축구를 하느라 학원 수업을 놓치게 되는 상황이 반복되었어요. 그래서 저는 아이에게 하나의 규칙만을 명확하게 정해 주었답니다.

"아무리 재미있게 놀아도 3시가 되면 멈추고 학원에 간다!"

이 간단하고도 명확한 규칙을 아이와 약속했고, 반복해서 강조했어요. 처음에는 습관이 들지 않아 깜빡하기도 했지만, 반복된 약속과 일관된 기준을 통해 아이는 점점 그 한 가지 중요한 약속을 스스로 지켜 가기 시작했어요.

아이가 그 규칙을 잘 지켰을 때는 즉각적이고 구체적으로 칭찬도 중요해요. 그러면 아이가 자신의 행동을 더 잘 인식하고, 그 행동을 자랑스럽게 여기게 된답니다.

사실 산만한 아이들은 혼나는 경험이 반복되다 보니 자기 스스로를 부정적으로 인식하게 되는 경우가 많은데요. 이와 같은 작은 칭찬으로 '내가 뭔가를 해냈다'는 경험을 반복해서 쌓게 되면 아이의 자존감이 서서히 회복되기 시작해요. 이렇게 하나씩 규칙과 루틴을 만들어 가는 것도 중요하답니다.

3) 부족한 부분을 제대로 알려 주기

산만한 아이는 학습에서 실수도 많은 편입니다. 특히 시험 볼 때 뻔히 아는 내용을 실수로 틀리는 경우가 허다하지요. 그래서 부모님은 추상적으로 "문제를 꼼꼼히 읽어야지.", "실수하지 말고 집중해야지."라고 하시는데 이런 말이 아이들에게는 와닿지 않습니다. 만약 아이가 산만하고 실수가 많다고 생각된다면 옆에서 아이가 공부하는 모습, 문제 푸는 모습을 직접 살펴보시고 어느 부분에서 아이가 놓치는지 파악하셔야 해요.

저희 아이는 수학에서 실수가 많았어요. 아이가 못하는 것 같지는 않은데 왜 점수가 나오지 않을까 싶어서 한동안 아이가 공부하는 습관을 유심히 살펴보았지요. 그랬더니 문제점이 하나둘 나오기 시작했어요.

계산 과정을 쓰기 싫었던 아이는 식을 정리하거나 계산 과정을 쓰지 않고 암산으로 답만 적었어요. 이렇게 문제를 풀다 보면 어느 부분이 틀렸는지 확인할 수 없고, 암산 과정에서 실수가 많이 발생할 수 있어요. 그렇기 때문에 이 부분을 하나씩 고쳐 가려고 무던히 노력했어요. 간단한 문제라도 식으로 정리하는 습관을 가지도록 애썼지요. 실수들은 줄일 수 있었고 아이도 식을 쓰며 정리했기에 결과도 더 좋았어요.

또 다른 문제점은 숫자나 기호를 잘못 썼을 때 지우고 다시 써야 하는데 겹쳐 쓰면서 문제를 푼다는 점이었어요. 그러다 보니 아이가 풀면서도 헷갈려 답을 잘못 쓰는 경우가 많았어요. 그래서 아이에게 겹쳐서 쓰지 않고 지우고 난 다음에 써야 한다는 점을 계속 강조했어요. 그러자 실수가 많이 줄어들었어요.

실수를 아이가 발견하면 더할 나위 없이 좋겠지만, 힘들다면 부모가 옆에서 지켜보며 반복적으로 나타나는 실수들을 잡아 주면 아이에게 더 큰 도움이 된답니다.

4) 집중할 수 있는 환경 만들어 주기

공부할 때 주변이 어지럽고 물건이 제자리에 있지 않다면, 당연히 집중력도 쉽게 흐트러질 수밖에 없어요. 그래서 저는 아이와 함께 공부를 시작하기 전, 책상부터 깔끔하게 정리하는 것을 하나의 루틴으로 만들었어요. 필요 없는 물건은 치우고, 교재와 필기구만 올려놓은 정돈된 공간에서 시작하니 아이도 심리적으로 훨씬 안정되고 집중하는 모습이 보였답니다. 또한 산만한 아이들은 집중력이 길지 않기 때문에 긴 시간 동안 공부를 지속하는 것이 어려워요. 그래서 집에서 학습할 때는 학교 수업처럼 40분간 집중해서 공부한 뒤 짧은 휴식을 갖도록 했어요. 너무 오랜 시간 책상 앞에 앉혀두기보다는 짧고 집중력 있는 시간과 휴식을 번갈아 주는 것이 오히려 더 효과적이었어요. 이런 작은 루틴과 구조화된 환경 덕분에 아이가 스스로 정리하는 습관도 생기고, 공부에 대한 부담도 훨씬 줄어들었답니다.

5) 작은 성공 경험 쌓기

아이들이 작은 성공 경험을 차곡차곡 쌓아 가는 것은 회복탄력성을 키우는 데에도 큰 도움이 됩니다. 그 시작은 아주 단순하지만 구체적인 목표를 함께 정하는 데서 출발해요. 먼저, 아이가 충분히 해낼 수 있는 수준의 학습량부터 정하는 것이 중요해요. 이때 반드시 아이가 실제로 할 수 있을 정도의 작고 현실적인 양이어야 해요. 무리한 목표는 도리어 아이에게 좌절감을 쉽게 주기 때문에 학습 목표를 정할 때는 아이와 꼭 함께 상의하며, 아이 스스로 "할 수 있겠다"는 확신이 들도록 도와주는 것이 필요하답니다.

저희는 그렇게 정한 목표를 실천에 옮기기 위해 '위클리 스케줄러(주간 학습표)'를 활용했어요. 아이가 매일 해야 할 일을 눈으로 확인할 수 있고, 하나씩 학습을 마칠 때마다 직접 체크 표시를 하며 성취감을 느낄 수 있도록 도와주었지요. 이렇게 일주일 동안 학습 목표를 성공적으로 이뤘을 때는 노력한 것에 대해 칭찬과 함께 간단한 보상도 함께 했어요.

일주일 단위로 성공을 이어가다 보니, 점점 성공 경험이 쌓이고 자신감이 자라면서 이후에는 한 달 단위의 목표 설정으로 자연스럽게 이어졌어요. 놀랍게도 그렇게 한 달 동안의 학습 계획도 스스로 지켜내며 성공을 맛봤답니다.

아이는 작은 성공을 반복하며 나도 할 수 있다는 자기 확신을 가지게 되었고 이 에너지는 다음 도전에서도 기대와 용기를 갖게 해줄 거라 믿어요. 더불어 "지난번보다 더 잘했구나!" "노력해서 해냈네!"와 같은 부모의 칭찬에 아이는 더 큰 동기가 생기게 되었지요. 또한 학습 습관을 만들면서 자존감도 챙겼어요.

6) 지지해 주며 긍정적인 관계 형성하기

마지막으로 무엇보다도 중요한 것은 부모님께서 언제나 긍정적인 태도로 아이를 바라봐 주시면서 아이와 좋은 관계를 유지해야 해요. 아이들은 부모님의 말과 행동 하나하나에 깊은 영향을 받으며 자랍니다. 아이가 어떤 상황에 처했을 때, 부모님이 어떻게 대응하는지를 지켜보며 세상을 바라보는 시각을 형성해 나가는 것이지요. 특히 '실패'라는 경험은 아이의 성장 과정에서 피할 수 없는 자연스러운 일부예요. 이때 부모님께서 아이의 실패를 비난하고 실망하거나 쉽게 포기하는 태도로 받아들이면 안 되어요. 그 자체를 성장의 과정으로 받아들이고 아이가 최선을 다한 점에 집중해서 계속 포기하지 않고 이어가도록 지지해 주신다면 아이는 자신을 부정하지 않고 자신감을 유지하며 끝까지 나아갈 거예요.

제 아이가 제법 어려운 심화 수학 학원에 다녔을 때의 일이에요. 매달 테스트를 보면 늘 10명 중 8등이나 9등이었지요. 그러다 보니 아이는 자주 "엄마, 나는 수학을 못하나 봐." 하고 속상한 마음을 내비치곤 했어요. 학원을 그만둘지도 고민하며 아이에게 물어봤을 때, 아이는 그래도 조금 더 해보고 싶다고 했지요. 그래서 저는 아이에게 말해 주었답니다.

"지금 열심히 하고 있으니 실력이 분명히 늘고 있을 거야. 등수보다 중요한 건 네 수학 실력이 꾸준히 자라고 있다는 거야."

그리고 함께 부족한 부분을 조금씩 보완해 나갔지요. 물론 학원 친구들도 다들 열심히 공부했기 때문에 아이의 등수가 눈에 띄게 올라가진 않았지만, 아이 스스로는 어느 순간 실력이 느는 것을 느끼기 시작했어요. 그 이후부터는 다시 수학에 대한 자신감을 찾았지요.

이 경험을 통해 저도 깨달았어요. 아이에게 좌절감이 찾아왔을 때 금

세 포기하게 하기보다는, 그 순간을 함께 견디고 이겨낼 수 있도록 도와주는 것이 얼마나 중요한지를요. 요즘은 아이가 조금만 힘들어해도 바로 다른 학원으로 옮기거나, 좌절감을 보여도 금방 방향을 바꿔 버리는 경우가 많은데요. 그럴수록 아이는 도전보다 회피를 먼저 배우게 되고, '힘든 일은 피하면 된다'는 방식에 익숙해지게 돼요. 때로는 아이가 스스로 버티고 이겨낼 수 있는 기회를 주는 것이 정말 필요해요. 따뜻한 믿음과 응원은 반드시 아이에게 전달되고, 아이의 마음속에 단단한 뿌리처럼 자리 잡을 거예요.

부모로서 내 아이가 실패에 좌절하고 힘들어하는 모습을 보면 내가 대신해 주고 싶고 힘든 가시밭길보다는 언제나 아름다운 꽃길만 걷길 바라는 건 모두 같은 마음일 거예요. 하지만 예쁜 꽃들도 비바람 맞아가며 더욱 단단하게 자라나듯 우리 아이들도 실패와 좌절을 경험하며 더욱 단단하게 자라날 것입니다. 실패는 끝이 아니라 더 나은 내일을 위한 시작이자 성장의 중요한 밑거름이에요. 우리 아이들이 실패를 통해 배우고 성장할 수 있도록 든든한 버팀목이 되어 주는 건 어떨까요?

동화책으로 세운 자존감
전영신

아이를 키우는 일은 언제나 '마음'을 건드리는 일이에요. 매일 함께 있지만, 서로의 마음을 이해하기란 생각보다 어렵지요. 가장 소중한 존재인데 왜 자꾸 부딪히고, 상처를 주고받는 걸까. 저도 그런 고민 끝에 동화책을 펼쳤습니다. 설명도, 훈육도, 설득도 통하지 않을 때 책 속 이야기와 인물이 제 말을 대신해 주었거든요.

동화책은 아이의 생각을 들려주었고 부모가 아이 곁에 다정히 머무를 수 있는 매개체가 되어 주었습니다. 감정을 함께 느끼고, 질문을 나누며, 자신을 돌아보는 시간이 쌓였고 그 속에서 아이도 저도 조금씩 자라났어요. 자존감이 흔들릴 때마다, 책 속 인물들은 "너도 괜찮아"라고 조용히 말해 주었고, 아이는 그 말에 위로를 받기도 했어요. 책을 함께 읽는 시간은 마음을 회복하고 단단히 세워 가는 시간이 됩니다.

아이 마음에 닿기 위해 동화책을 꺼냈다

부모와 아이의 관계가 늘 평화롭기만 하다면 얼마나 좋을까요. 하지만 현실은 생각처럼 쉽지 않아요. 서로 갈등하고, 미워하고, 상처 주는 일은 늘 남의 집 이야기로만 여겼는데 어느 순간 제 이야기가 되어 있었지요.

아이가 초등학교 3학년 겨울쯤이었어요. 1, 2학년 때는 제가 휴직을 했어요. 그동안 워킹맘으로서의 미안함을 씻어내듯 온 시간과 에너지를 아이에게 쏟아부었습니다. 아이 곁에 밀착해 있으면서 내가 해줄 수 있는 모든 것을 해주려 했죠. 그러다 3학년이 되며 복직을 했는데 퇴근과 동시에 저는 방전되었고, 아이는 방치되었습니다. 어느새 학년 말이 되고 보니 아이의 생활 습관과 학습 습관이 흔들리고 있음을 발견했어요. 제가 조급하고 불안해질수록 아이와의 다툼은 잦아졌지요. 서로가 더없이 소중한 존재인데 왜 매일 싸우게 되는 걸까 생각하면 괴로웠어요.

그때 함께 읽은 책이 『바꿔』(박상기, 비룡소)입니다. 스마트폰 앱을 통해 엄마와 딸의 몸이 바뀌어 서로의 삶을 살아 보는 이야기인데, 저와 아이 모두에게 깊은 울림을 준 책이었어요. 그 책을 읽고 나서 아이는 "엄마가 얼마나 힘든지 알겠어요"라고 말했고, 저는 "엄마가 네 마음 몰라줘서 미안해" 하고 말할 수 있었어요. 책을 통해서야 비로소 서로의 입장이 보였고 마음이 열렸습니다. <mark>말로는 전하지 못했던 감정들이 이야기 속 인물들을 통해 오갔고, 우리는 그 이야기를 빌려 서로를 이해할 수 있었어요.</mark>

마음을 건드린 또 하나의 책은 『그해 유월은』(신현수, 스푼북)이었어요. 6·25전쟁을 평범한 아이의 시선으로 담아낸 동화인데, 아이는 이 책을 읽으며 펑펑 울었어요. 너무 슬퍼서 못 읽겠다며 중간에 책을 덮더니 이렇게 말하더라고요. "엄마, 지금은 전쟁이 안 일어나서 진짜 다행이에요. 만약 전쟁이 나면 엄마랑 내 몸을 본드로 딱 붙여요. 절대 떨어지지 않게요."

저는 그 말에 목이 메었어요. '아이에게 나는 꼭 필요한 존재구나', '어떤 이유로든 헤어지는 건 상상만으로도 끔찍하구나. 그 중요한 사실을 우린 미처 깨닫지 못하고 있었구나' 서로의 소중함을 되새긴 시간이었습니다.

책은 우리 사이를 이어주는 다리가 되었어요. 도서관과 책방은 우리 가족이 함께 시간을 보내며 지친 마음을 치유하는 장소가 되었지요. 각자가 좋아하는 책을 고르고, 나란히 앉아서 함께 책을 읽고 이야기 나누는 시간이 우리에게 꼭 필요했던 거예요. 마음을 풀기 위해 따로 애쓰지 않아도, 책을 사이에 두고 앉으면 자연스럽게 서로의 온기를 느낄 수 있었어요.

아이 곁에서 책을 펼친 가장 큰 이유는 아이에게 무언가를 가르치기 위해서가 아니었어요. 아이가 어떤 기분인지 잘 모를 때, 아이도 자신의 기분을 설명하기 어려워할 때 책은 감정의 통로가 되어 주었어요. 책 속 인물이 처한 상황이나 감정에 아이가 고개를 끄덕이면, 그제야 저는 아이 마음에 살짝 닿을 수 있었어요. 책 속 인물이 아이의 목소리를 대신해 준 셈입니다.

또 가끔은 동화책이 꼭 필요한 말을 대신해 줄 때도 있었어요. 예를 들면 『잔소리 탈출 연구소』(윤선아, 어크로스주니어)나 『하고 싶은 공부』(박현숙, 김영사) 같은 책은 제가 하고 싶었던 말을 훨씬 덜 감정적으로, 더 논리

『하고 싶은 공부』
(박현숙, 김영사)

『그해 유월은』
(신현수, 스푼북)

적으로 아이에게 전달해 주었어요. 아이도 제 말보다 책 속의 문장을 더 잘 받아들이더라고요.

말로는 부딪히기만 했던 시기에 책은 우리 사이를 천천히 이어주었고, 무너졌던 다리를 다시 세우는 조용한 벽돌이 되어 주었어요. 아무리 좋은 교훈도 엄마 입을 통해 나오면 잔소리로만 여기고 짜증부터 쏟아냈던 아이의 모습도 조금씩 줄어들었지요. 아이 마음에 닿고 싶을 때 저는 또 한 권의 책을 꺼내어 함께 읽습니다.

자존감은 '나 자신을 괜찮다고 느끼는 순간'에서 자란다

자녀교육의 궁극적인 목표는 자녀의 건강한 '독립'입니다. 부모나 교사의 도움 없이도 아이가 스스로 판단하고 선택하며, 자신의 삶을 책임지는 어른으로 자라나는 것이죠. 그 과정에는 수많은 도전과 실패가 따라오겠지만, 위기 속에서도 다시 일어설 수 있는 힘을 가지는 것이 중요해요. 그래서 요즘 '자존감' 이야기가 많이 나오는 것 같아요. 그런데 솔직히 말하면, 부모인 저부터도 자존감을 지키지 못하는 순간이 많습니다. 나보다 더 나은 조건을 가진 사람들과 비교하다 보면 나 자신이 괜히 작아지고 초라해지는 느낌이 드니까요.

아이도 마찬가지였어요. "엄마, 우리 반에서 내가 수학을 제일 못해." "피아노 아무리 연습해도 ○○이처럼은 못 할 것 같아." 아이는 종종 이런 말을 하곤 했습니다. 그럴 때마다 저는 "넌 잘하고 있어", "계속하면 실력이 느는 거야"라고 말해 주었지만, 어느 순간부터 그 말들이 아이에게 진심으로 닿고 있는지 확신이 서지 않았어요. 말로만 긍정적인 에너지를 불어넣는 데는 한계가 있었지요. 아이가 자신을 믿지 못하는 순간은 때때로 찾아왔고, 비교와 좌절에 갇힌 아이를 지켜보는 건 엄마로서 정말 괴로웠어요.

그때 우리가 함께 읽은 책이 『푸른 사자 와니니』(이현, 창비)였습니다. 무리에서 쓸모없는 아이라며 쫓겨난 어린 암사자 와니니가, 자신을 믿어 주고 함께해 주는 새로운 친구들과 무리를 이루며 앞으로 나아가는 이야기예요. 혼자는 약하지만 함께라면 다시 힘을 낼 수 있다는 걸 보여주는 이야기였어요. 와니니가 점차 변화하고 성장해가는 과정을 따라가며 아이는 깊이 공감했고, 저 역시 부모로서 아이 곁에서 어떤 존재가 되어야 할지 돌아보게 되었어요. 아이가 지닌 능력뿐 아니라 그 곁에서 믿고 기다려 주는 '존재'가 얼마나 중요한지를 다시 느꼈습니다.

우리는 모두 누군가의 믿음 속에서 더 단단해지는 것 같아요. '나는 괜찮은 사람이야'라고 느끼는 순간 자존감은 자라납니다. 아이도 그랬어요.

와니니가 점차 당당해지는 모습에서 자신을 투영했고, "와니니도 처음엔 자신이 없었는데…… 나도 그런 걸까?"라는 말을 하더라고요. 아이는 스스로에게 용기를 불어넣는 말을 배우기 시작했고 저는 그 변화의 중심에 '책'이 있다는 것을 다시 한번 느꼈어요.

사실 인생에서 한계를 마주하는 건 어른도 힘든 일입니다. 경제적 능력이 뛰어난 다른 부모를 보며, 감각적이고 에너지가 넘치는 젊은 교사들을 보며 저는 자주 비교했고 자신을 채근했습니다. 나이와 환경과 능력, 한계를 드러내는 장면은 어디에나 있었어요. 아이의 삶도 크게 다르지 않을 겁니다. 시험을 망쳤을 때, 친구보다 뒤처진다고 느꼈을 때, "나는 안 될 거야"라고 생각할지도 몰라요.

한계를 넘어서는 주인공을 만나게 해주고 싶었습니다. 『담을 넘은 아이』(김정민, 비룡소)는 조선시대 가난한 집 맏딸로 태어나 자기 이름도 쓸 줄 모르던 푸실이가 등장해요. 배우고 싶어도 배울 수 없고 하고 싶어도 할 수 없던 시대, 하지만 푸실이는 주저앉지 않았습니다. 신분도, 성별도, 가난도 푸실이의 꿈을 꺾지 못했어요. 수없이 넘어지고, 실망하고, 울기도 했지만 푸실이는 다시 일어났어요.

아이와 함께 푸실이 이야기를 읽으며 생각했습니다. 자존감은 '내가 뛰어나기 때문에' 생기는 것이 아니라, '나는 괜찮은 사람이야'라고 자신을 인정하는 순간 자라나는 거구나. 푸실이도 자신을 대단하다고 여기진 않았지만 포기하지 않았습니다. 누군가의 도움을 받고 토닥이며 한 걸음씩 나아갔습니다. 그 모습은 아이에게 깊은 인상을 남겼고, 저는 아이에게 "너도 푸실이처럼 넘어질 수 있어. 하지만 다시 일어날지 그 자리에서 멈출지는 너의 선택이야."라고 말해 주었어요.

자존감은 결국 좋은 관계 속에서 자랍니다. 무조건적인 칭찬이나 끊임없는 비교 속 경쟁은 자존감을 갉아먹어요. 자기 자신을 이해하고 받아들이는 연습, 실패해도 괜찮다고 말해 주는 따뜻한 존재, 그리고 그 마음을 열게 하는 '재미있는 이야기'가 있을 때 자존감은 조금씩 단단해져요.

책을 읽는 부모, 마음을 여는 아이

학교에서 교사로 일하며 다양한 아이들을 만납니다. 그중에서도 성적이 낮은 아이보다 자존감이 낮은 아이를 만날 때 더 큰 무력감을 느끼지요. 성적은 면밀히 지도하면 오르기도 하지만, 자존감이 낮은 아이는 학습 자체를 두려워하거나 친구들과의 관계에서 계속 상처를 받아요. '내가 못나서 그래'라는 마음을 품고 있는 아이는 반복해서 위축되기 쉽지요.

어느 날은 발표하다가 실수한 뒤 울음을 터뜨린 아이가 있었어요. "망했어. 난 맨날 이래."라고 자책하며 고개를 푹 숙인 모습이 아직도 생생해요. 그 순간 교실은 조용해졌고, 저도 쉽게 말을 꺼내지 못했습니다. 마음 한켠이 먹먹했어요. 잘하고 싶은 마음이 컸기 때문에 실망도 컸을 테고 그 마음을 어떻게 다루어야 하는지 어려운 거예요. 연습해 본 적이 없으니까요.

아이의 자존감은 사실 학교보다는 가정에서 만들어지는 경우가 많아요. 교사로서 할 수 있는 일이 분명 있지만, 하루 중 아이와 보내는 시간만 보면 부모의 영향력이 훨씬 크다고 느껴져요. 집에서 어떤 말을 듣고 자랐는지, 부모가 어떤 시선으로 아이를 바라보는지에 따라 아이는 자신을 받아들이는 태도를 배웁니다.

부모의 말 한마디가 아이 마음에는 오래도록 남습니다. "그걸 왜 못 했니?"라는 말보다 "힘들었겠다, 다음엔 도와줄게"라는 말이 아이에게는 자존감을 키워 주는 힘이 되지요. 부모의 따뜻한 시선은 아이가 '나는 괜찮은 사람이야'라고 느낄 수 있는 첫 번째 거울이고요.

하지만 아이의 자존감을 키운다는 건 말처럼 쉽지 않습니다. 저도 교사이자 부모로서 그 사실을 절절히 느끼고 있어요. 칭찬을 자주 하려고 해도, 걱정의 말이 먼저 나올 때가 많지요. 자존감을 키운다는 건 단순한 훈육이 아니라, 아이의 존재 자체를 있는 그대로 인정해 주는 일입니다.

아이를 키우는 과정에서 그걸 잊지 않으려고 노력해요. '잘해야 괜찮은 아이'가 아니라, '잘하지 않아도 괜찮은 아이', '있는 그대로 충분히 사랑받아 마땅한 아이'라고 말해 줄 수 있을 때, 아이는 마음속에 단단한 중심을 갖게 됩니다. 부모로서 이 여정이 어렵고 더딜지라도 절대 포기할 수 없어요.

다행히 그 여정에 다정한 동반자가 있습니다. 바로 동화책이죠. 이야기의 힘은 놀라워요. 일상의 크고 작은 갈등으로 소원해졌던 부모와 아이가 함께 웃고, 놀라고, 공감하게 만드니까요. 아이와 함께 『소리 질러, 운동장』(진형민, 창비)을 읽을 때 얼마나 웃었는지 모릅니다. 정의롭지만 미숙한 동해, 그리고 '여자라서' 야구부에 들어가지 못한 희주의 이야기 속에서 우리는 깔깔 웃으면서도 묵직한 교훈을 나눴어요. 타인의 평가에 아랑곳하지 않고 옳은 걸 옳다고 말할 수 있는 동해의 태도, 좋아하는 것을 향해 멈추지 않고 도전하며 몰입하는 희주의 태도는 제가 아이에게 꼭 가르쳐 주고 싶은 것이었습니다. 또 『거짓말주의보』(이경아, 한솔수북)를 읽으며 친구의 시선 때문에 거짓말을 하던 유리가 자신을 이해하고 받아들이는 과정을 보면서는, 아이와 "나도 이럴 때 있었어"라고 솔직한 얘기를 나눌 수 있었어요.

　이렇게 좋은 책을 함께 읽는 일이 말처럼 쉽지는 않지만 방법은 있습니다. 저는 독서모임을 선택했어요. 한 달에 한 번, 딸아이 친구들과 같은 책을 읽고 만나서 두 시간 정도 이야기를 나눕니다. 어느새 품속에서 벗어나 친구들을 더 좋아하게 된 아이와 잠시라도 마음을 나눌 수 있는 기회가 바로 이 시간이에요. 평소에 알지 못했던 아이의 생각을 더 깊이 들여다볼 수 있어요. 정다운 친구들 앞이라 그런지 아이 마음이 자연스레 열리더군요. 어떤 말에 웃고 어떤 장면에서 울컥하는지 알게 됩니다. 가르치기보다 함께 느끼는 그 시간이 오히려 더 큰 배움으로 남아요. 앞으로도 이 모임을 오래오래 이어가고 싶어요. 아이가 자라 어른이 된 뒤에도, 마음이 힘들 때 책을 통해 위로받고, 누군가의 마음을 읽을 줄 아는 사람이 되길 바랍니다.

성장기 아이를 위한
진짜 공부는 건강 관리부터
엄월영

"선생님, 교실에 올라오기 너무 힘들어요."

어느 날, 학급에서 성실하고 학습 능력이 뛰어난 여자아이가 등교하자마자 저에게 내뱉듯 말을 꺼냅니다. 4층에 위치한 6학년 교실까지 계단으로 오르는 일이 아이에게는 무척 힘겨운 일이었던 모양이에요. 걱정이 되던 저는 그 아이에게 조언해 주었지요.

"4층 계단을 오르내리는 게 힘들다면, 나중에 공부할 체력도 부족할 것 같은데? 공부도 중요하지만 운동을 해서 체력을 키우는 것이 더 중요할 수 있어."

그날 이후, 그 아이는 매일 줄넘기 운동을 시작했다고 알려 주어 전 매우 뿌듯했지요.

운동은 꼭 놓지 마세요

요즘 아이들은 신체 발육 상태는 좋아졌지만, 정작 체력은 점점 떨어지고 있는 것이 현실입니다. 운동할 시간이 부족하기 때문이지요. 예전에는 수업이 끝나면 아이들이 운동장에 모여 축구나 술래잡기를 하며 몸을 많이 움직였어요. 땀을 흘리며 친구들과 놀다 보면 자연스럽게 체력이 길러지고 기분도 좋아졌지요.

하지만 지금은 상황이 많이 달라졌어요. 수업이 끝나면 곧장 학원으로 가야 하고, 집에서는 스마트폰이나 컴퓨터 앞에 앉아 있는 시간이 늘어났지요. 몸을 제대로 움직일 시간이 거의 없어졌어요.

실제로 아이들이 몸을 움직이며 운동할 기회를 갖는 시기는 초등학교 저학년이 대부분이에요. 1~2학년 때는 태권도, 수영, 축구, 줄넘기 등 다양한 체육 활동을 하며 신체 능력을 키우지만, 3학년쯤부터는 운동보다는 영어와 수학 학원에 집중하게 되면서 자연스럽게 운동을 그만두는 경우가 많아요. 그런데 운동은 단기간에 하는 것이 아니라 매일 꾸준히 이어가야 하는 습관입니다. 그래야만 체력이 길러지고 지치지 않고 학습도 이어나갈 수 있어요.

운동은 단순히 몸을 튼튼하게 만드는 것에 그치지 않아요. 마음과 정신을 건강하게 해주는 데에도 중요한 역할을 한답니다. 그래서 어른이 될 때까지 어떤 형태든 평생 운동을 하는 게 몸과 마음을 건강하게 하는 데 큰 도움이 된다고 생각해요. 그래서 저희 아이도 운동은 놓지 않고 꾸준히 시키고 있어요. 제 아이는 일곱 살 때 축구를 처음 시작했어요. 낯선 환경에 예민한 아들이라 처음에는 축구 교실에 들어가는 것조차 두려움으로 힘들어했지요.

하지만 꾸준히 참여하고 연습하면서 실력이 늘었고, 이제는 축구를 즐기게 되었지요. 자신이 제법 잘하는 운동이 생기니 더 잘하고 싶은 마음에 아빠와 주말에 공원에서, 친구들과 운동장에서 축구 연습을 하면서 실력도 늘고 체력도 키웠어요. 초등학교 5학년인 요즘도 축구는 주 1회씩 계속하는데요, 친구들과의 팀플레이를 통해 서로 배려하고 소통하는 법을 배우고, 경기에 이기기 위한 전략을 고민하며 사고력도 키우고, 경기에 지더라도 깨끗이 승복할 줄 아는 스포츠맨십도 배우고 있답니다. 한 주간 스트레스를 건강하게 해소하는 건 덤이에요.

그 외에도 초등학교 2학년부터는 수영도 시작해서 3년간 배우고 있는데 체력이 눈에 띄게 향상되었고, 저도 그 변화를 체감할 수 있어요. 특히 교육감배 수영대회에 참가했던 경험은 아이에게 큰 성장의 기회가 되었지요. 대회를 앞두고 꾸준히 연습하고 수많은 사람 앞에서 경기를 하면서 긴장도 해 보고 실패도 경험했어요. 마지막에 두 손 터치를 하지 못해 실격되었을 땐 펑펑 울기도 했지만 다시 도전하겠다고 다짐하는 모습에서 아이의 성장을 느낄 수 있어서 마음이 뭉클해지기도 했답니다.

운동 능력은 한 번 배우는 것으로 끝나지 않아요. 반복적으로 연습하고, 잘 안 될 때는 이유를 찾아 고민하고, 포기하지 않고 다시 도전하는 과정에서 실력이 느는 법이랍니다. 그리고 무엇보다도 그 과정에서 좌절하지 않고 일어서는 힘, 그것이 바로 운동이 주는 진짜 힘입니다.

건강 관리의 필수, 잘 먹고 잘 자기

건강 관리의 기본은 잘 먹고 잘 자는 것이라고 할 수 있어요. 그런데 현실에서는 이 기본이 무너지는 경우가 많아요. 실제로 학급에서 수면 시간이 부족해 피곤해하거나, 식사를 제대로 하지 못하는 초등학교 학생들을 종종 만나게 된답니다.

잠은 '보약'이라고 하죠. 충분한 수면은 낮 동안 배운 내용을 뇌가 정리해 장기 기억으로 저장하게 하고, 지친 몸과 마음을 재충전할 수 있게 도와주어요. 하지만 최근에는 초등학생 중에서도 수면 부족을 겪는 아이들이 점점 늘어나고 있어요. 고학년이 되면 학원 수업 시간이 저녁 9시나 10시까지 이어지는 경우가 많기 때문이지요.

저희 반 6학년 아이들의 수면 시간을 조사해 본 적이 있었는데요. 대부분이 밤 11시에서 자정 사이에 잠자리에 들고, 일부는 새벽 1시가 넘어 자기도 한다고 대답했어요. 이유를 물어보면 "학원 끝나고 숙제하느라 늦었어요", "스마트폰 하다 보니 시간이 늦었어요"라고 답하는 경우가 많았지요. 그런데 잠이 부족하면 집중력, 기억력, 사고력이 떨어지는 등 학교 생활에 지장을 주기 쉽습니다. 6~12세 어린이의 권장 수면 시간은 하루 9~12시간, 13~18세 청소년은 하루 8~10시간이라고 하는데요. 이 기준에 맞춰서 아이들이 충분한 수면을 취할 수 있도록 부모님들이 환경을 마련해 주는 것이 중요하답니다.

또한 균형 잡힌 식사도 필수적이에요. 음식은 단순히 배를 채우기 위한 것이 아니라, 건강한 성장을 위해 필수적인 영양을 공급하는 수단이지요.

특히 뇌는 우리 몸에서 가장 많은 에너지를 소비하는 기관이기에 좋은 영양소가 고루 필요합니다. 그런데 요즘 아이들은 생각보다 영양을 골고루 섭취하지 못하고 있어요. 바쁘다는 이유로 아침을 거르거나 대충 먹고, 점심 급식은 학생들의 선택에 맡겨지는 분위기이다 보니 편식하는 경우가 많지요.

예전에는 급식을 골고루 먹도록 지도하는 문화가 있었지만, 지금은 학생 인권을 존중하는 교육 분위기 속에서 식사 지도는 거의 이루어지지 않고 있지요. 그러다 보니 먹고 싶은 음식만 골라 먹거나 아예 급식을 거르는 아이들도 있답니다. 그래서 하교 후 친구들과 편의점에서 컵라면이나 분식으로 끼니를 때우는 경우도 흔합니다. 저녁에는 학원 수업 때문에 가족과 함께 저녁 먹을 시간도 없어서 근처 식당에서 볶음밥이나 면류로 간단히 해결하는 경우가 많아요. 이렇게 되면 성장기 아이들에게 필요한 다양한 영양소를 충분히 섭취하기 어렵고 식습관도 점점 불균형해진답니다.

이처럼 아이들의 체격은 좋아졌지만 정작 체력과 건강을 위한 기본적인 생활 습관이 약해지고 있다는 점에서 부모님들도 진지하게 고민해야 할 듯합니다. 무엇이 더 중요한 가치인가를 생각해서 학생들이 건강하게 성장할 수 있도록 환경을 만들어 나갈 필요가 있습니다.

건강한 마음 관리

공부는 감정 위에 세워진답니다. 불안한 감정, 억눌린 스트레스, 표현하지 못한 좌절감은 아이의 학습 능력을 서서히 갉아먹게 돼요. 시험을 앞두고 극도의 긴장을 겪는 아이, 틀린 문제에 과하게 자책하는 아이, 부모의 기대에 눌려 공부를 피하게 되는 아이들을 보면 이는 모두 감정과 학습이 밀접하게 연결되어 있다는 증거이지요. 건물마다 빽빽이 들어선 유명 학원들 사이에 소아청소년정신과가 하나씩 꼭 있다는 이야기도 우스갯소리로 흘려들을 것만은 아닙니다.

아이들의 학업 스트레스를 줄이기 위해서 초등학교에서는 공식적인 시험을 없앤 지 오래입니다. 하지만 아이러니하게도 초등학교 아이들의 학업 스트레스는 점점 더 심해지고 있지요. 특히 공부 잘한다는 아이만 들어갈 수 있다는 학원에 보내기 위한 레벨 테스트도 한몫하는데요. 이러한 레벨 테스트가 학부모들 사이에 과열되어 아이들에게 상당한 부담감으로 작용하고 있어요. 그래서 요즘 유명한 영어 학원 입반 레벨 테스트를 일컫는 '7세 고시'라는 말이 유행일 정도입니다. 이처럼 시간이 지날수록 학업 스트레스는 점점 커지는 반면 나의 감정을 돌아보고 다룰 기회를 놓친 채 학습에 매몰되어서 아이들은 시험에 대한 좌절감, 실패를 다루는 데 어려움을 느끼고 있는 게 현실이에요.

하지만 **감정 조절은 놓쳐서는 안 될 중요한 공부 전략** 중 하나입니다. 아이는 학습 과정에서 반드시 실수, 실패, 혼란, 답답함을 경험할 수밖에 없습니다. 공부는 그리 호락호락한 과정이 아니에요. 학년이 올라갈수록 점점 더 복잡하고 어려운 개념이 나오는 데다 때로는 지루하고 실패가 반복되기도 하며, 오랜 시간 노력한 만큼 결과가 나오지 않을 때도 많지요. 그래서 아이들도 한 번쯤은 "공부를 왜 해야 하는 거지?"처럼 매너리즘에 빠지기도 하고 "나는 왜 이렇게 공부를 못할까?" 자괴감에 휩싸이기도 합니다.

이처럼 공부는 지난한 과정을 이겨내야 비로소 내가 원하는 성취를 이뤄낼 수 있어요. 수없이 실패하고, 다시 일어나고, 좌절을 겪은 끝에 손에 잡히는 것일지도 몰라요. 그렇기 때문에 그 과정에서 감정을 다스리는 힘, 특히 실망, 분노, 지루함 같은 감정을 마주했을 때 이에 휘둘리지 않고 나아가는 연습이 필요해요.

오늘은 아무 공부도 하지 않고 마냥 놀고 싶은 마음을 꾹꾹 눌러가며 책을 펼치는 성실함, 수학 문제를 몇 번이나 틀리고도 끝까지 답안을 확인하지 않고 기어코 문제를 풀어내는 끈기, 열심히 공부했지만 내 기대처럼 점수가 나오지 않더라도 다음에는 좋은 결과가 있겠지 하며 나의 공부 루틴을 이어가는 묵묵함, 공부하면서 학생들이 스스로 키우는 이러한 감정 조절의 결과들이야말로 좋은 성적으로 이어지는 것은 물론, 사회에서 어떤 일이라도 거뜬히 해낼 수 있는 자신만의 큰 자양분이 될 거예요.

이처럼 감정을 잘 다루려면 먼저 나의 감정을 인식하고 이해하는 것부터 시작해야 합니다. 그래서 먼저 자신의 감정을 들여다보는 데 도움이 될 만한 감정 다이어리 쓰기를 추천해요. 하루 공부를 마친 뒤, "오늘 공부하면서 가장 힘들었던 순간은?", "가장 기뻤던 순간은?" "나는 왜 오늘 불안했을까?" 등을 스스로 적어 보면 좋겠습니다. 나를 힘들게 하는 감정들을 종이에 차근차근 적다 보면 간단하지만 자기 감정을 인식하고 표현하는 연습이 될 수 있고 글로 적으면서 안 좋은 감정을 자연스레 해소하는 기회가 될 거예요.

그리고 가정에서도 안전하고 아이를 지지하는 가정환경을 만들어 주려는 노력이 필요해요. 아이들을 향한 사랑과 지지, 안전한 가정환경은 아이들이 어려움을 극복하는 데 필수적인 요소랍니다. 부모님들은 문제를 직접 마주하고 스스로 해결하며 결정할 수 있는 기회를 줘야 해요. 부모님들이 아이를 과도하게 보호하거나 통제하면 스스로 자신의 능력을 키울 수 없어요. 또한 부모가 너무 높은 기대를 갖거나 자주 비판하면 아이들은 자신감을 잃고 자신에 대해 부정적 이미지를 만들 수 있어요. 그렇기에 학업 실수에 대한 따뜻한 피드백은 무엇보다 중요하답니다. 틀린 문제나 낮은 점수를 볼 때 부모보다 아이 자신이 더 속상하고 좌절감을 느낀다는 점을 기억하며 아이가 이 감정에 매몰되지 않게 도와주려는 노력이 필요해요.

"이럴 때 속상할 수 있어. 그런데 여기서 다시 시작하는 게 중요하단다."

부모가 실수나 실패에 의연하고 다음을 위한 자양분이라는 태도를 보일 때 아이도 이를 따라 배우게 되지요.

"아, 내가 지금 불안하구나."

"조금 힘들지만 괜찮아. 한 번 더 해 보면 돼."

이런 자기 인식과 회복의 언어를 가진 아이는 공부 앞에서 쉽게 무너지지 않아요. 공부법의 핵심은 '꾸준함'이고, 꾸준함의 기초는 바로 정서적 안정이랍니다.

사춘기, 감정보다 관계를 먼저 본다

김수린

"왜 이렇게 변했지?" "도대체 왜 저렇게 말할까?"

한창 사춘기를 지나고 있는 아이들을 보며 혼란스러웠던 순간들이 많았어요. 표현하지 않아서 답답하고, 가끔 내뱉는 가시 돋친 한마디에 마음이 무너졌던 일들이요. 그러다 기분이 좋은 어떤 날에는 언제 그랬냐는 듯 세상 어디에도 없는 밝은 얼굴로 예의 바르게 말을 걸 때도 있어요. 황당하다 못해 무섭기까지 합니다.

저는 부모로서, 그리고 매일 사춘기 아이들을 만나는 교사로서 깨달았습니다. 사춘기라는 시간은 아이의 감정을 다루려 애쓰기보다 관계를 지키는 데 집중해야 하는 시간이라는 것을 말이죠. 아이와의 관계가 흔들리지 않도록 노력하는 것이, 그 모든 혼란 속에서 부모가 할 수 있는 가장 큰 힘이라는 것을 말씀드리려 합니다.

미세한 '눈빛'과 '말투'로 시작하는 사춘기

개인의 발달과 성별의 차이가 있지만 평균적으로 사춘기는 초등학교 5학년에서 중학교 1학년에 시작해서 중학교 3학년에서 고등학교 3학년쯤 마무리된다고 해요. 저는 20년이 넘게 사춘기에 있는, 그것도 최고점에 이르는 시기의 아이들을 매일 만나고 있어요. 동시에 사춘기를 시작하는, 그리고 마무리에 접어드는 아이 둘을 키우고 있고요.

사춘기 아이들은 공통으로 '눈빛'이 다릅니다. 예전에는 반짝이던 눈이 어느 날부터 무심하고, 회의감이 서린 듯한 눈으로 변해요. 말투도 조금씩 달라지죠. "몰라요." "그냥요." 같은 짧은 말과 함께 귀찮다는 듯한 태도. 이런 변화는 '반항'이 아니라, 자신도 감당하기 어려운 내면의 요동이 겉으로 드러나는 방식입니다. 아이의 말보다 미세한 눈빛, 태도, 목소리에 귀를 기울이며 아이를 바라보아야 하는 시기이죠.

감정에 반응하지 않기

제가 학생을 대할 때 꼭 지키려고 노력하는 것이 있습니다. 바로 아이의 감정에 반응하지 않는 거죠. 아이들이 감정을 표출할 때마다 같이 반응하면 관계가 틀어지고 상처만 남더라고요. 학교 복도에서 친구들과 다투다가 지도받게 된 학생이 갑자기 "왜 저만 그러세요!" 하고 소리를 지른 후 교무실 문을 쾅 열고 나갔습니다. 솔직히 황당했고 화가 났어요. 저만 혼내

지도 않았고 분명히 잘못한 상황을 지도해야 했으니까요.
 하지만 아이를 소리 질러 불러 세우지 않았어요. 오히려 아무 일 없었다는 듯 나머지 아이들을 지도했지요. 다음 날 그 아이를 다시 불렀습니다. "어제 억울한 부분이 있어서 화가 난 거야?"라고 했더니, 아이는 "저는 진짜 그 아이를 때리지도 않았고, 팔만 잡아당겼는데 선생님이 때린 아이와 같이 취급했잖아요."라고 말하더라고요. 말도 안 되는 변명이라고 생각했지만 많은 말을 덧붙이지 않았습니다. "땡땡아, 네가 그 친구의 팔을 잡고 있어서 때리는 데 동조하는 것 같았어. 때리는데 방어하거나 피하지 못하게 잡는 것도 폭력이야."라고 말했습니다. 아이의 표정이 잠시 굳더니, "네."라고 대답했습니다.
 이런 경험은 제 아이를 키울 때 도움이 되었어요. 어릴 적 저만 바라보던 예쁜 아기가 갑자기 변해서 슬플 때도 있었지만, 속으로는 '이 아이는 우리 반 학생이야. 학생을 대하는 마음으로 대하자.' '타인의 감정에 휘둘리지 말자.'라고 생각하거든요.
 감정의 순간은 지나면 다시 대화할 수 있는 관계로 돌아올 수 있어요. 아이의 이야기를 충분히 듣되 감정에 휘둘리지 않고 기다리는 것, 아이를 더 깊이 이해하게 해줍니다.

질책보다 인정이 먼저

 사춘기의 실수는 질책보다 '네가 그럴 수 있다'는 인정이 필요해요. 아무리 질책하고 훈육해야 하는 상황이라고 하더라도 아이의 생각을 먼저 인정해야 해요. 아이들은 자기 행동이나 말을 '인정'해 주어야 그 뒤에 나오는 진짜 이야기를 듣더라고요.

어느 날 볼 일이 있어 밖에 있는데 둘째에게 전화가 왔어요. 둘째 아이의 이야기에 따르면, 같이 거실에서 드라마를 보고 있는데 첫째가 갑자기, "너 숙제 다 했어? 매일 동영상도 보면서 티비까지 보려고? 네 방에 들어가!"라며 소리를 쳤대요. 둘째는 형의 행동에 당황하고 속상해서 전화한 거죠. 순간 저는 첫째를 바꿔 달라고 해서 "너는 뭐 제대로 하니? 너도 매일 동영상도 보면서 왜 동생한테 뭐라고 하는 거야? 너야말로 지금 시험기간 아니야?"라고 해서 퍼붓고 싶었어요. 하지만 그러지 않았어요. 첫째 이야기도 들어 봐야 했고, 무엇보다 전화로 이야기하는 것은 제 진심이 전해지지 않으니까요.

저녁에 집에 가서 아이를 불렀어요. "무슨 드라마 본 거야? 동생이 보기에 잔인했어?"라고 물었어요. 아이는 "아니요. 드라마가 너무 슬펐어요."라고 하더라고요. "혹시 울었어?"라고 묻자 아이는 어색하게 웃으며 "네"라고 했어요. "어유, 동생한테 우는 모습 보여주기 싫어서 들어가라고 했구나. 같이 울면서 보면 드라마가 더 재밌을 텐데. 다음에는 휴지 하나 갖다 놓고 같이 코 풀면서 봐. 엄마가 너한테 우는 모습 보여주기 싫다고 공부하라고 소리치면 좋겠니?"라고 했지요.

사춘기의 아이를 다루는 것이 참 쉽지 않습니다. 순간 드는 생각을 바로 이야기하거나, 지금 당장 아이를 고쳐야겠다는 생각을 버려야 하거든요. 이 시기의 아이들이 충동적이고 자기 멋대로인 것 같지만, 스스로 반성

할 힘이 있습니다. 단지, 그 시간이 좀 오래 걸리기 때문에 기다려 줄 필요가 있는 거죠.

자율과 책임 사이

사춘기 자녀를 키우다 보면 '이제 스스로 하도록 내버려 둬야 하나?' 하는 생각과 '아직은 부모로서 가르치고 챙겨야지' 하는 마음이 늘 부딪칩니다. 어디까지 맡기고 어디서부터 도와야 할지, 저 역시 매일 고민하며 그 사이에서 서툴게 연습하고 있습니다.

아이와 가장 많이 겪었던 갈등은 바로 '아침에 깨우기'였어요. 7시 40분쯤 출근하는 저는 매일 아침 아이를 깨우는 것이 너무 스트레스였어요. 아침을 차리고 출근 준비를 하면서 아이를 여러 번 깨워야 했으니까요. "일어나라"고 말한 지 10분, 또 10분이 지나도 아이는 이불 속에서 꿈쩍도 하지 않았습니다. 처음에는 다정하게 깨우다가도 나중에는 화가 나서 목소리가 커지곤 했지요. 그럴 때마다 저도 하루를 힘겹게 시작하게 되니 아이와의 아침은 늘 서로에게 스트레스였어요.

그러던 어느 날, 문득 '이걸 계속 내가 해주는 것이 과연 이 아이에게 도움이 될까?' 하는 생각이 들었습니다. 그래서 큰맘 먹고 아이에게 말했어요. "내일부터는 엄마가 깨워 주지 않을 거야. 대신 너 스스로 알람을 맞추고, 엄마가 출근하면서 전화는 두 번까지 해줄 수 있어. 그래도 학교에 늦는다면 그건 네 책임이야."

처음 며칠은 지각하기도 하고, 허겁지겁 준비하면서 짜증을 내는 날도 있었습니다. 하지만 더 이상의 잔소리도 하지 않았고, 지각한다고 학교에 전화하지도 않았어요. 시간이 지나자, 아이는 조금씩 스스로 준비하는 법을 배우기 시작했습니다. 두 번 정도 크게 늦은 이후 한 번도 지각을 한 적도, 아침에 늦게 일어나서 짜증을 낸 적도 없습니다. 지각 결과에 대한 책임을 스스로 지는 경험을 했기 때문이죠.

아이가 스스로 설 수 있도록 돕는 것이 자율과 책임 사이의 경계를 세우는 일입니다. 부모가 나서서 모든 걸 대신하기보다 아이 스스로 넘어져 보고, 일어나 보게 하는 것. 그리고 그 곁에서 다치지 않게 지켜봐 주는 것. 그게 부모가 할 수 있는 최선이라는 걸 배웠어요.

비교는 절대 금물

사춘기 아이를 키우며 부모가 가장 흔히 빠지는 함정은 비교인데요. 의도하지 않았는데도, 자꾸 다른 집 아이와 우리 아이를 마음속으로 견주게 되지요. "친구 집 아이는 부모 말도 잘 듣고 스스로 공부도 잘한다던데", "저 집 아이는 형제끼리도 다정하다는데" 같은 이야기들이 들리면, 괜히 우리 아이의 부족한 점이 더 크게 보이곤 합니다.

저 역시 그런 순간이 많았어요. 아이 친구가 아니라 우리 반 아이들만 보아도 저절로 비교되거든요. 특히 동갑의 아이들을 가르치는 해에는 그 비교의 마음이 훨씬 커집니다. 수행평가를 꼼꼼하게 챙기는 아이, 친구들을 잘 도와주는 아이, 동아리 활동을 하면서 리더십을 보이는 아이, 글씨를 잘 쓰는 아이, 책을 많이 읽는 아이를 만납니다. 처음에는 '우리 반 학생이라서 참 좋다'라는 생각이 나중에는 '저 아이들의 부모는 어떻게 키웠을까' 하는 궁금함으로, 나아가 '아니, 우리 아이는 왜 못할까.' 하는 답답함으로 이어지더라고요.

이 마음이 아이에게 보인다면 어떻게 될까요? 아이가 스스로 '나도 앞으로는 수행평가를 꼼꼼하게 챙기고, 책을 많이 읽어야겠다.'라고 다짐할까요? 오히려 관계만 나빠질 뿐이죠. 아이를 키우는 것은 자기 속도로 자기 모습을 지키며 자라날 수 있도록 옆에서 기다려 주는 과정입니다. 아기마다 걸음을 떼는 시기가 다르고, 말을 트는 시기가 다르다는 것을, 그리고 그 과정이 다그치거나 비교한다고 되지 않는다는 것을 우리는 알고 있으니까요. 사춘기도 그 연장선에 있습니다. 부모 눈에는 더디 보이고 서툴러 보일지라도, 그 길은 분명 아이의 길이고 그 속도가 아이의 속도라는 것 잊지 마세요. 비교 대신 아이의 작은 걸음 하나하나에 담긴 의미를 보려고 노력하는 것, 그것이 사춘기 부모에게 주어진 숙제 아닐까 싶습니다.

작은 순간 찾아보기

사춘기 아이를 키우며 저는 아이가 보여주는 작은 순간들을 더 소중히 보려고 노력하게 되었습니다. 비교하지 않고 우리 아이가 가진 장점을 찾아보려고 합니다. 예전 같으면 그냥 스쳐 지나갈 순간을 이제는 제 마음속에 오래 남겨 보려고 합니다. 식사 후 자신이 먹은 그릇은 반드시 싱크대에 넣어 두는 모습, 바쁜 엄마를 위해 "저녁은 동생이랑 알아서 챙겨 먹을게요"라고 툭 던지는 말. 퇴근하는 저에게 "엄마, 오늘 하루는 어땠어요?"라고 건네는 인사. 그런 순간들은 사춘기라는 험난한 시간을 함께 보내는 부모에게 주는 작은 선물 같았습니다. 제가 아이의 감정을 인정하지 않고, 남과 비교하는 말을 던졌다면 절대 받을 수 없는 선물이지요.

하루종일 일에 치이고, 학급에 좋지 않은 일들이 겹쳐 마음이 지쳐 있던 날이었습니다. 소파에 누워 잠시 눈을 붙이려고 했더니, 아이가 다가와 말했습니다. "엄마, 그냥 쉬어요. 할 거 있으면 내일 해요." 그 말이 어찌나 따뜻하게 들리던지요. 아이는 그냥 자기 할 말을 한 것뿐이겠지만, 저는 그 한마디에 그동안 쌓였던 서운함과 피로가 조금은 풀리는 것 같았습니다.

사춘기 아이가 극적으로 부모에게 감동을 주는 순간은 거의 없습니다. 오히려 부모가 마음을 열고 바라보면 소소한 순간들이 보이기 시작하죠. 가벼이 여기지 않는 작은 순간이 부모와 아이 사이의 다리가 됩니다.

아이가 잠만 잘 자도, 밥만 잘 먹어도 감사하게 여겼던 순간들이 있었습니다. 맞춤법이 틀린 단어가 가득한 편지에서 '사랑해요'라는 한마디에 감동받았던 순간도요. 사춘기 아이의 말과 행동에서도 그런 순간을 찾아보세요. 다른 아이는 갖지 못한 내 아이만의 기특하고 대견한 순간이 분명히 있을 거예요. 아이가 보여주는 그 작은 순간들을 믿고 또 기다려 주는 것. 그것이 사춘기 부모가 할 수 있는 가장 소중한 일임을 요즘 절실히 느끼고 있습니다.

함께 성장하는 시간

사춘기 아이를 키우며 가장 크게 느낀 것은, 아이만 자라는 것이 아니라 부모도 자란다는 점입니다. 아이가 변해 가는 모습 속에서, 저 역시 매일 제 감정과 생각을 돌아보며 조금씩 성장하고 있음을 느낍니다.

아이가 스마트폰으로 늦게까지 영상을 보는 것에 관해 이야기한 적이 있어요. 제 말이 채 끝나기도 전에 아이는 한숨을 푹 쉬더니 "엄마, 제발 간섭 좀 하지 마세요. 제가 알아서 해요."라고 툭 내뱉더군요. 저는 그 순간 서운하고 화가 났습니다. 속으로 '네가 걱정돼서 그러는 건데, 그걸 그렇게 말해야 하니?' 하는 생각이 스쳤지요. 예전 같으면 바로 "엄마가 너 잘되라고 하는 말이잖아!"라며 맞받아쳤을 거예요. 하지만 한 박자 멈췄습니다. 그리고 마음속으로 '이 아이도 지금은 자기만의 공간이 필요하구나. 내 말보다 그 마음을 먼저 봐야겠다'라고 다짐했지요.

잠시 후, 저는 아이에게 조용히 말했습니다. "그래. 너도 네 방식으로 해보고 싶을 때가 있지. 엄마가 너무 걱정돼서 그랬는데 미안해." 그러자 아이의 굳었던 표정이 조금 풀리며 "아니에요. 그런데 엄마, 정말 저 나름대로 잘하고 있어요."라고 말하더군요. 그 순간 저는 깨달았습니다. 이 아이는 더 이상 어릴 적 저만 바라보던 아이가 아니구나, 이제는 스스로 세우고 싶어 하는구나. 그리고 저도 이제는 아이를 지켜봐 주는 법을 배워야 하는구나.

사춘기 아이를 키우는 것은 부모에게도 큰 도전입니다. 아이의 감정과 말에 상처받고, 화나고, 때로는 외롭기도 하지요. 하지만 그 과정을 지나며 부모도 성장합니다. 아이를 키운다는 건 결국 나를 더 깊이 이해하고 다스리는 과정이기도 하다는 걸 요즘 절실히 느끼고 있답니다. 아이가 어른이 되어 가는 시간 동안, 부모인 저도 조금 더 좋은 어른이 되어 가는 중입니다.

사춘기라는 시간은 아이만의 것이 아니에요. 그 곁을 함께 걷는 부모에게도 커다란 성장의 길이 펼쳐집니다. 아이가 달라진 눈빛과 말투로 세상과 자신을 탐색하듯, 부모인 우리도 매일 새로운 질문을 던집니다 '지금은 말해야 할까, 기다려야 할까?' '이 한마디가 아이에게 힘이 될까, 상처가 될까?' 매일 고민하고, 멈추고, 후회하지만 그런 순간들이 쌓여 부모로서 한 뼘 더 자라게 돼요.

아이의 감정에 휘둘리지 않으려고 애쓰는 마음, 질책보다 이해를 먼저 내어놓으려는 다짐, 스스로 책임지도록 한발 물러서 보는 용기. 이 모든 것을 하려면 연습과 시간이 필요해요. 그 연습 속에서 비로소 우리는 깨닫게 됩니다. 아이를 키우는 것은 결국 내 안의 어른스러움을 키워 가는 과정이라는 것을요.

아이가 사춘기의 긴 터널을 지나 훌쩍 어른이 되었을 때, 우리는 그 곁을 지키며 했던 수많은 기다림과 다짐이 절대 헛되지 않았음을 알게 될 겁니다. 그리고 그 시간 속에서 부모도 조금은 더 따뜻하고 단단한 어른이 되어 있음을 발견하겠지요. 아이의 사춘기를 함께 건너는 부모에게 말해 주고 싶어요. "괜찮아요, 지금 이 길을 함께 걷고 있는 것만으로 충분해요." 라고요.

오늘도 너에게
아침 편지를 보낸다
정다해

요즘 뉴스를 보면 전쟁이라는 단어가 낯설지 않습니다. 미국과 이란, 러시아와 우크라이나, 가자지구까지…… 세계 곳곳이 전쟁 중이에요. 사실, 저도 매일 작지만 만만치 않은 전쟁을 치르고 있어요. 아침엔 학교에서 수백 명의 사춘기 아이들과 씨름하고, 저녁엔 내 아이들과 부딪히며 하루를 보냅니다. 웃고, 울고, 속 터지고, 다시 사랑하게 되는 일상이 반복돼요. 참 다이나믹하죠. 매일 예측할 수 없는 롤러코스터 같은 하루하루예요.

교사로 20년 넘게 일하며 수많은 아이들의 사춘기를 함께했어요. 나름 단련되었다고 생각했는데 막상 내 아이가 사춘기에 접어드니 전혀 다른 세상이 펼쳐졌어요. 말투는 툭툭, 표정은 무심, 행동은 예측 불가. 속에서 화가 치밀어 올라와도 꾹 참고 부드럽게 말하려 애써요. 사실, 저도 사람인지라 아이들 용어로는 '빡칠 때'가 있거든요.

그럴 때마다 아이와 나를 위해 더 나은 방법을 찾으려 고민했어요. 그러다 알게 된 게 바로 '아침 쪽지'입니다. 동료 선생님이 필통에 편지를 넣어주는 걸 보고, 그 자리에서 번쩍! 섬광이 지나갔죠. 바로 다음 날부터 실천에 들어갔어요. 애 둘 물병에 포스트잇을 붙이며 한 줄씩 마음을 전하기 시작했어요.

"넌 참 괜찮은 아이야." "엄마는 언제나 너를 응원해." 짧은 말이지만 그 안엔 진심이 담겨 있어요. 아이의 굳은 얼굴이 풀리고 발걸음이 조금은 가벼워지길 바라면서요. 처음부터 완벽한 부모가 되긴 어렵더라고요. "진짜

아이의 상황에 맞게
매일 다르게 쓰는 아침 편지

못 해 먹겠다." 싶은 날도 있고, 아이 키우는 일이 이렇게 힘들 줄 몰랐어요. 누구나 처음 엄마가 되니까요.

한 번은 아이들 방이 너무 지저분해서 큰소리로 화를 냈어요. 깜짝 놀라며 당황한 아이들은 급히 치우기 시작했죠. 다음 날 아침 편지에 "엄마가 큰소리쳐서 미안해. 그래도 너희를 사랑하는 마음은 변하지 않아."라고 적었어요. 아이들은 흔쾌히 사과를 받아들이고 자신들의 잘못도 인정했어요. 한 장의 편지가 다시 우리를 따뜻하게 이어준 거랍니다.

편지는 요일마다 다르게 씁니다. 하루하루 아이의 상황에 맞춰 마음을 담아내죠. 월요일엔 주말 동안 잘한 일을 구체적으로 떠올리며 칭찬을 써요. 엄마 대신 도서관에 책을 반납해 준 일, 분리수거를 도와준 일, 스스로 숙제를 잘한 일 같은 사소하지만 고마운 행동들이죠. 그 작은 성취들이 아이의 한 주를 힘차게 시작하게 해줘요.

화요일엔 딸이 다섯 시간의 긴 학원 수업이 있는 날이라 "학교도 성실히 다니고, 숙제도 잘하고 학원까지 잘 가줘서 고마워."라고 써요. 똑같은 일상이지만 그 안의 노력에 눈길을 주면 아이의 자존감이 높아지거든요. 수요일은 저도 수업이 많고 아이도 피곤한 날이라 더 힘을 주는 말을 골라 써요. 아들에겐 "오늘 농구하는 날이지? 마음껏 뛰고 와! 몸을 움직이면 마음도 시원해질 거야."라는 말을 남깁니다. 힘들 때 위로가 필요하듯 즐거운 일에도 적극적으로 응원이 필요합니다. 정서적으로도 큰 힘이 되죠.

목요일엔 전날 있었던 작은 일들을 회상해요. "같이 먹은 흥가리비 진짜 맛있었지?" "어제 공개수업에서 엄마랑 스피드 퀴즈 같이해서 재미있었어."

같은 사소한 기억들이 다시 웃음을 만들어 줘요. 금요일엔 주말을 앞두고, "이번 주도 정말 수고했어. 주말에 푹 쉬자."라는 따뜻한 위로를 전하죠. 아이는 무거운 가방을 메고 지친 몸으로 학교에 가지만, 물병에 붙은 쪽지 한 장을 보며 다시 힘을 내는 것 같아요. 늘 학교 가기 싫다고 말하지만 늘 개근하는 아이를 보면 대견하고 기특합니다. 이게 다 편지의 힘 아닐까요? 아침 편지는 아이에겐 하루를 기대하게 해주고, 제겐 고요하게 마음을 정리하는 시간이 돼요. 전날 보지 못한 표정, 놓친 감정을 떠올리며 한 줄을 씁니다.

교실에서도 편지를 씁니다. 우리 반에는 사랑스러운 중3 아이들 34명이 있어요. 생일이 다가오면 그 아이만을 위한 손편지를 정성껏 써 줘요. 한 번뿐이지만 마음을 꾹꾹 눌러 담아 쓰면 아이들은 정말 환하게 웃어요. "선생님, 고마워요, 감사해요"라는 말이 얼마나 큰 힘이 되는지 몰라요. 방학 중 생일을 맞는 아이들에게도 꼭 편지를 씁니다. 제 아이들도 1, 2월이 생일이라 그 마음을 누구보다 잘 알거든요. 비록 짧은 손편지이지만 저만의 사랑 고백 방법이에요. 아이들도 스승의 날에 정성스런 편지로 답을 써 줘서 더 감동했답니다.

아이들의 하루하루는 늘 다이나믹합니다. 그날그날 걱정되는 일을 말로 하면 아이들이 싫어하는 잔소리예요. 하지만 글로 전하면 다릅니다. 마음에 깊이 남아요. 한 번은 딸아이가 이틀 연속 라면을 먹었는데 아침 편지에 이렇게 썼어요. "네가 라면을 계속 먹어서 건강이 걱정돼. 소화도 잘 안

돼서 속이 불편할 것 같아." 그랬더니 신기하게도 몇 달 동안 라면을 아예 먹지 않더라고요. 백 마디 말보다 한 장의 편지가 더 큰 힘을 가질 수 있다는 걸 그때 알았어요.

자존감이 흔들릴 때도 편지는 참 따뜻한 약이 돼요. 딸이 토론대회 결승에 올라갔는데, 규칙을 잘 몰라 탈락했던 날이 있었어요. 많이 속상해했죠. 다음 날 저는 아침 편지에 썼어요. "어제는 많이 아쉬웠지? 그래도 엄마는 도전해서 결승까지 간 네가 정말 대단하다고 생각해. 어제 일은 네 삶의 큰 밑거름이 될 거야. 오늘은 더 따뜻한 하루 보내렴." 그 편지 한 장에 아이 얼굴이 다시 밝아졌어요.

가끔 아들은 시력이 걱정될 정도로 전자기기를 자주 보고 사용할 때가 있어요. 그래서 이렇게 썼어요. "전자기기를 오래 보면 눈이 아프단다. 네가 좋아하고 필요한 것도 알지만, 눈도 소중히 다뤄줘야 해. 오늘은 좀 쉬어보자." 그리고 최대한 전자기기를 정리해서 시야에 보이지 않도록 했더니 보는 시간이 줄고 정해진 때만 하게 되었어요.

한 번은 게임 문제로 아이와 크게 부딪혔어요. 남편도 아들의 말투와 태도에 화가 나 있었고, 결국 일주일 게임 금지를 선언했죠. 아들은 세상이 무너진 듯 울고불고 난리가 났고, 우리 부부도 속상한 마음에 잠을 못 이뤘어요. 다음 날 새벽 4시에 눈을 떴는데 펜을 들기가 정말 싫더라고요. "오늘은 그냥 안 쓸까?" 고민했지만, 결국 한 자 한 자 꾹꾹 눌러썼어요. "게임이 무조건 나쁜 건 아니야. 이번 주는 잠시 쉬고 네 기분을 회복하는 시간이 되었으면 해. 엄마는 언제나 널 사랑해."

그 일주일 동안 우리는 게임 대신 함께 시간을 보냈어요. 한강에 놀러 가서 돗자리도 펴고, 보드게임도 하고 간식도 먹었죠. 주말엔 영화도 보고 아들이 가장 좋아하는 스테이크도 먹었어요. 생각보다 게임 없이도 충분히 행복한 한 주를 보냈답니다. 이후로 아들과 함께 게임 시간을 조율하며 규칙을 정했어요. 좋아하는 걸 무조건 없애는 게 아니라, 건강하게 즐길 수 있는 방법을 찾는 게 더 중요하다는 걸 배웠어요. 그 한 주, 편지가 정말 큰 힘을 발휘했죠.

아들에게 슬쩍 물어봤어요. "엄마 편지 받으면 어때?" 그랬더니 수줍게 웃으며 말하더라고요. "좋아요." "뭐가 좋은데?"라고 다시 물으니, "그냥 좋아요." 친구들이 서로 보겠다고 하다가 싸운 적도 있었대요. 그래서 제가 장난처럼 말했죠. "그럼 이제부터 쓰지 말까?" 그랬더니 진지하게 "아니에요. 써 주세요."라고 했어요. 딸에게도 조심스레 물었어요. 그랬더니 눈을 반짝이며 말했죠. "엄마 편지 너무 좋아요! 친구들이 부러워했어요. 엄마한테 잘해드리래요." 아이들 말 한마디가 제겐 세상 어떤 상보다 더 큰 감동이자 선물이었어요.

편지를 매일 쓰는 일은 쉽지 않아요. 가끔은 무슨 이야기를 써야 할지 몰라 펜을 들고 한참을 멍하니 앉아 있을 때도 있어요. 같은 말을 반복하는 건 아닌지 우려도 되고요. 하지만 그런 고민 덕분에 저는 더 자주 아이의 표정을 살피고, 작은 말 한마디에도 귀를 기울이게 돼요.

전날 미리 쓰는 것도 쉽지 않아요. 아이가 잠든 후 무슨 일이 생길지 모르고, 제가 새벽형이라 먼저 잠드는 날이 더 많거든요. 그래서 대부분 새벽 4~5시에 일어나 마음을 정리하며 씁니다. 그 시간은 저에겐 작은 명상 같은 순간이에요. 아이를 생각하며 하루를 시작할 수 있다는 것, 아직 내게 사랑을 표현할 에너지가 있다는 게 고맙고 감사해요. 특히 일찍 잘 수 있게 배려해 준 아이들과 남편에게 늘 고맙죠.

아이들은 지금껏 단 한 번도 편지에 답장을 써 준 적 없어요. 그래도 저는 알아요. 그 쪽지를 조용히 읽고 미소 짓는 얼굴, "엄마 고마워요."라는 한마디가 그 무엇보다 깊고 따뜻한 응답이라는 걸요. 돌이켜보면 이 작은 아침 편지는 수많은 사소한 기억들을 품고 있어요. 앞구르기를 드디어 성공한 날, 생선을 잘 먹었던 날, 비염으로 고생하다가 좋아진 날, 친구들과 마라탕을 먹고 깔깔 웃던 날까지. 우리 가족의 역사와 사랑이 조용히 쌓여 가고 있지요.

AI가 점점 많은 걸 대신해 주는 시대지만, 손으로 눌러쓴 글씨는 여전히 사람의 마음을 움직입니다. 저는 아이들에게 썼던 편지를 이 책에 함께 담으려 해요. 누군가에겐 조금 낯설고 오래된 방식일지 모르지만, 누군가에겐 지금 꼭 필요한 위로가 될 수 있으니까요.

아침 편지는 아이의 하루를 여는 감정의 문이에요. 아이를 위해 쓰는 글이지만, 결국 그 글을 통해 제 마음도 다독이게 되죠. 때로는 위로가 되고, 때로는 용기를 주고, 때로는 '괜찮아'라는 말로 하루를 따뜻하게 시작하게 해주는 한 장의 사랑이에요.

공부는 기술보다 감정이 먼저예요. 마음이 무너지면 책상 앞에 앉는 일조차 버겁거든요. 마음을 먼저 다독여 주는 편지가 아이의 집중력을 살리고, 자존감을 지켜 주는 힘이 돼요. "괜찮아. 너는 잘하고 있어." 그 한 문장이 아이에겐 오늘 하루를 견디는 용기가 되니까요.

　아이들은 무언가 성취하고 이루기 위해 태어난 존재가 아니에요. 존재 자체로 사랑받기 위해 세상에 온, 가장 소중한 선물이죠. 부모인 우리가 그 마음을 잊지 않고 하루 한 줄, 사랑을 담아 건넬 수 있다면 그걸로 충분해요. 그리고 언젠가, 그 작은 쪽지들이 아이와 나를 단단히 이어주는 추억이 되고, 사랑이 되고, 평생의 위로가 될 거예요. 사랑은 결국, 매일매일 쓰는 연습이니까요. 그걸로 충분해요. 그 작지만 꾸준한 노력이 아이와 나를 이어주는 따뜻한 다리가 되어 줄 거예요.

🌼 우리 아이에게 보내는 아침 편지 ✿

5장

진로, 미래를 향한 부모의 길잡이
...
성적보다 중요한 '방향 찾기'

국제중 진학의 고민과 선택
김문영

아이가 6학년이 되면 중학교 진학에 대한 많은 고민이 생겨요.

"중학교에서는 수행평가도 있고 중간고사, 기말고사도 봐야 하는데 우리 아이가 잘 적응할 수 있을까?" "중학교 분위기는 어떨까? 어떤 친구들과 함께 공부하게 될까?" 등 많은 걱정과 생각이 이어지게 되죠.

저도 똑같았어요. 비슷한 고민을 이어가던 중 국제중이라는 선택지가 머리에 떠올랐어요. 서울에 살고 있기 때문에 지원해 볼 수 있는 국제중은 세 곳. 세 곳 중 하나만 선택해야 하기 때문에 어떤 학교가 우리 아이와 더 잘 맞을까 고민의 시간을 보냈어요.

사실 국제중은 '특별히 준비된 아이들'이 가는 곳이 아닐까 라는 선입견이 있었어요. 선행도 거의 하지 않은 우리 아이가 가서 잘 적응할지 확신도

서지 않았고요. 하지만 교사로서 다양한 환경의 아이들을 봐오면서 느낀 것이 있어요. 바로 환경이 아이에게 미치는 영향이 정말 크다는 것!

우리 아이는 변화를 두려워해서 만들어진 틀 안에 있는 것을 좋아하고, 주변의 영향을 많이 받으며, 무엇이든 잘하고 싶어하는 마음이 강한 아이예요. 그런 아이의 특성을 보면서 준비된 아이들이 모여 있어서 조금 힘들더라도, 적극적이고 다양한 분야에 관심을 가진 친구들과 함께 지낸다면 우리 아이도 자연스럽게 자극받을 수 있지 않을까 하는 생각이 들었어요.

아이에게는 "이런 환경에서 공부해 보는 것도 좋을 것 같은데 어떻게 생각해?" 하고 조심스럽게 물어봤고, 아이의 동의를 받아 ○○국제중에 지원하게 되었죠.

단짠단짠 국제중 적응기

직접 겪은 국제중은 어떤 곳이었을까요? 합격한 친구들을 대상으로 하는 입학 전 설명회를 시작으로 1학년 생활은 멘붕의 연속이었어요. 담임 선생님이 a부터 z까지 챙겨 주시던 초등학교 때와 달리 스스로 챙겨야 할 것도 많고 처음 제대로 겪어 보는 경쟁적 시스템, 쏟아지는 수행 과제, 뛰어난 친구들에게서 느껴지는 좌절감까지, 자존감이 곤두박질쳤죠.

전학을 가는 것도 생각해 봤어요. "너무 힘들면 다른 학교로 옮기는 것도 괜찮다."라고 말해 주었고 아이는 한번 제대로 노력해 보고 그때 고려해 보겠다고 하더라고요.

그때부터 우리는 무엇보다 '회복탄력성'을 높이는 데 집중했어요.

추첨인데도 정말 뛰어난 아이들이 많은 국제중. 영어는 기본이고, 수학, 과학, 예술, 발표 등 어느 분야든 탁월한 친구들이 있었고 심지어 모두 잘하는 친구들도 많았죠. 그렇게 준비된 친구들과의 비교는 금물! 과학고, 서울대 등 내놓으라 하는 학교에 진학하고도 자신보다 뛰어난 친구들을 보며 좌절한 적이 있다는 여러 사람들의 사례를 아이에게 들려주면서 "남과 비교하지 말고, 어제의 나와 비교하자"는 철칙을 세웠어요.

그러기 위해서는 우선 우리 아이의 강점과 약점을 정확히 파악하는 것이 중요했어요. 아이를 가장 좌절감에 빠지게 했던 것은 수학. 특히 내신 이외에 보는 수학 심화 평가는 적나라하게 전교 등수가 나오기 때문에 자존심에 큰 상처가 난 상황이었어요.

그 '최악'의 등수를 기본으로 삼았어요. 다음 시험에서는 남과의 비교가 아닌, 그 전의 아이 점수와 등수를 이겨 보는 것을 목표로 삼았죠. 그것이 가능하도록 아이와 함께 작은 목표들을 세우고, 하나씩 달성해 나가며 성공 경험을 쌓았어요. 예를 들어 '오전 자습시간에는 수학만 풀기', '심화 문제집에서 먼저 가장 낮은 레벨을 풀고, 그 다음 레벨은 하루에 2문제씩 도전하기' 등과 같이 작지만 달성 가능한 목표들이었어요. 가장 싫지만 가장 가까이 하는 과목이 수학이 된 것이죠.

또 우리 아이는 MBTI에서 I의 성향이 강한 아이였어요. 사람 많은 곳에 다녀오면 집에서 한참 빠져나간 기를 보충해야 하는 아이였던 거죠. 처음 그런 성향을 잘 파악하지 못했을 때는 왜 남들이 극찬하는 대치동 학원들을 유독 다니기 힘들어하고 싫어할까 고민했어요. 이후 그런 성향을 파악한 후에는 모든 학원을 정리하고, 수학도 주로 집에서 과외나 인강을 통해 보충하는 것으로 바꾸었고, 그 효과는 학원을 다닐 때보다 훨씬 컸어요.

그런 성향은 발표하는 것에서도 두드러졌는데, 우리 아이는 자신을 드러내는 것에 자신없어하고 발표를 많이 하지 않았어요. 하지만 학교 특성상 다양한 분야에서 발표해야 하는 일이 많았고, 적극적인 아이들로 인해 위축되어 있었죠. 이것은 집에서 자꾸 엄마, 아빠에게 설명하도록 했어요. 책을 읽었다면 어떤 내용인지, 어느 부분이 인상 깊었는지 말로 표현해 보게 했고, 시험 공부의 마지막은 항상 공부한 내용을 엄마, 아빠에게 말로 설명하면서 정리하는 것이 루틴이 되었어요.

아이의 특성을 이해하고 그에 맞는 전략을 세우니, 아이는 힘들어하면서도 조금씩 변화하고 있었어요. 스스로 자신에게 맞는 학습 방법을 터득해 가고 있었고, 자신을 표현할 줄 알며 무엇보다 실패해도 다시 도전하는 회복탄력성이 길러지고 있었죠.

지금 생각해 보면 그 힘든 1학년 시기가 아이에게는 정말 소중한 성장의 시간이었던 것 같아요. 어려움을 이겨내면서 얻은 자신감과 학습 능력이 지금까지도 큰 도움이 되고 있거든요.

그렇게 자존감을 회복하고 나니 주변에 뛰어난 친구들이 많다는 것도 또다른 장점으로 다가왔어요. 부모의 말보다 또래의 영향을 많이 받는 사춘기 아이인지라 열심히 하는 친구들을 보면서 자신도 목표를 크게 갖게 되고, 여러 경험을 하면서 우물 안 개구리를 벗어나려고 노력하게 된 것이에요.

국제중을 준비하는 친구들을 위한 조언

만약 국제중 진학을 원하는 친구들이 있다면 몇 가지 조언을 드리고 싶어요.

첫 번째는 영어 실력 높이기. 단순한 의사소통 수준을 넘어서 자유자재로 영어를 구사할 수 있어야 해요. 왜냐하면 국제중에서는 영어가 아닌 과목도 영어로 배우기 때문이에요. 또 영어로 적어야 하는 보고서와 에세이도 많고, 피피티 발표도 영어로 해야 하는데 영어가 발목을 잡으면 모든 공부에 영향을 받게 돼요.

그래서 영어 영상을 꾸준히 보고, 한글책과 영어책 모두 많이 읽는 것이 중요해요. 우리는 영어책의 AR지수와 렉사일 지수, 워드 카운트를 기준으로 단계별 독서 계획을 세웠어요. AR(Accelerated Reader) 지수는 책의 난이도를 나타내는 지표이고, 렉사일은 문장의 복잡성과 어휘의 난이도를 종합적으로 측정한 지표예요. 또 워드 카운트는 그 책에 몇 단어가 들어가 있는지 표시되는 거죠.

세 가지 지수를 표기한 영어책

영어책마다 이 세 가지 지수를 모두 표시해 놓고, 그 순서에 맞게 책을 읽도록 했어요. 예를 들어 많이 읽는 『Magic Tree House』 시리즈는 AR 2.8-3.5 대의 책으로 이것은 2학년 8개월- 3학년 5개월 아이들이 이해할 수 있는 내용이라는 뜻이에요. 그래서 먼저 AR 지수를 체크하고, 같은 AR 지수의 책에서 렉사일 지수가 낮은 것부터 높은 것으로, 워드카운트가 적은 것부터 많은 것으로 순서를 정해 읽어 가도록 했어요.

책을 읽은 후에는 말로 줄거리를 설명하거나 요약하는 것도 했고요. 이렇게 꾸준히 읽어서 하루에 만 카운트도 읽어냈는데 읽는 속도가 높아지면 수행평가를 하는 데도 시간적으로 도움이 돼요.

영어회화는 영상을 활용했는데 주로 넷플릭스를 많이 활용했어요. 좋아하는 영상은 반복해서 보는 성향이 있어서 영어 자막과 함께 보게 했죠. 아이마다 자기가 좋아하는 영상을 활용하면 되는데 우리 아이는 후워즈? 쇼, 밀드레드, 베스트탐정단과 같은 영상을 반복 시청해서 대사를 외울 정도였어요. 영화를 더빙해 보는 앱도 도움이 되었고요. 테드 에드(TED ED)는 조금 더 학술적인 면이 있어요. 하나의 주제에 대해 4, 5분으로 되어 있는 영상은 그날 공부한 내용과 관련 있는 영상으로 찾아서 보도록 했어요.

무료로 사용할 수 있는 칸 아카데미는 학년별, 과목별 교과 내용이 영어로 나와 있어서 활용하기 좋아요. 영상으로 기본 개념 설명도 들을 수 있고, 퀴즈도 풀어 볼 수 있어요. 매일 과목을 나눠 놓고 부담스럽지 않은 양의 퀴즈를 풀어 보게 하면 차곡차곡 쌓이게 돼요. 실력이 높은 아이라면 토플을 준비해 보는 것도 좋아요. 어쨌든 영어는 모든 공부의 기본 도구가 될 수 있도록 해야 해요.

두 번째는 수학 선행이에요. 우리 아이가 다니는 국제중에서는 현행 과정에 심화 문제를 많이 다뤄요. 앞에서 언급한 것처럼 모두 심화 문제로만 구성된 시험도 있고, 아침 자습 시간에는 수학 문제집만 풀어야 하는 시간도 있어요. 꼭 국제중이 아니어도 현행 심화를 하는 것은 꼭 필요해요. 심화 공부는 사고력을 확장하는 데 도움이 되고 이후 수학 공부에도 영향을 많이 끼치기 때문이죠. 현행 심화를 하기 위해서는 개념을 미리 알고 있어야 하는데, 학기 중에는 내신 시험 공부에 수행평가에 도저히 선행을 나갈 시간이 없어요. 그래서 미리 어느 정도 선행을 통해 미리 개념을 알고 있어야 현 학년에서 심화 문제에 집중할 수 있어요.

심화 문제집은 한 학기에 일품, 최고수준 top, 블랙라벨, 에이급 수학 4권을 푸는 것을 목표로 했어요. 선행으로 새로운 개념 학습을 할 때는 개념서 + 일품까지 풀고, 방학 때는 선행을 나가면서 다음 학기의 심화 문제집을 풀었는데 가장 높은 단계는 빼고 풀었어요. (블랙라벨에서는 step 2까지, 에이급 수학에서는 step b까지)

학기 중에는 현행 심화에 집중했는데 방학 때 풀었던 문제집의 오답노트와 더불어 가장 높은 단계까지 도전을 했어요. (블랙라벨 step 3, 에이급 수학에서는 step a까지)

아이가 다니는 국제중에서는 내신 시험에서는 블랙라벨 step 2까지, 심화 평가에서는 가장 높은 단계까지 안정적으로 풀어야 높은 점수를 받을 수 있어요. 오답노트를 작성할 때는 다시 개념 부분을 확인해 보는 것도 중요해요.

세 번째는 자기주도학습 능력 기르기예요. 그것의 바탕은 스스로 계획을 세우고 실행할 수 있는 능력이죠. 다른 학교에 다니는 중학생도 마찬가지겠지만, 국제중에서도 여러 과목별로 많은 수행평가가 나오기 때문에 그런 평가 계획이나 기한을 적어 놓는 습관, 학교나 학원 숙제를 챙기고 적절히 양을 배치하는 습관, 내가 공부할 수 있는 시간을 체크하는 습관 등을 길러야 해요.

하지만 이것도 그냥 만들어지는 것이 아니기 때문에 혼자서 스케줄을 짜는 연습이 필요해요. 처음에는 일주일 단위로 시작했어요. 월요일부터 일요일까지 학원이나 과외 스케줄을 적고, 수행평가가 나오는 대로 마감 날짜를 체크해 적어 놓도록 했어요. 그리고 해야 할 일들을 적고, 우선순위를 정해서 배치하는 거예요.

"수학 ○○ 문제집 몇 페이지~몇 페이지, 영어책 20페이지, 과학 실험 보고서 아이디어 생각해 보기" 이런 식으로 구체적으로 적도록 하는 것이죠. 그리고 실제로 실행했는지, 얼마나 걸렸는지도 기록하게 했죠. 이렇게 하다 보니 아이 스스로 자신의 학습 패턴을 파악하게 되었어요.

가끔 계획대로 되지 않을 때도 있어요. 그럴 때는 "왜 계획대로 안 됐을까?" 함께 원인을 분석하고, 다음에는 어떻게 하면 좋을지 생각해서 수정하도록 도왔어요. 가령, 체육이 들은 날은 피곤해서 같은 시간이 주어져도

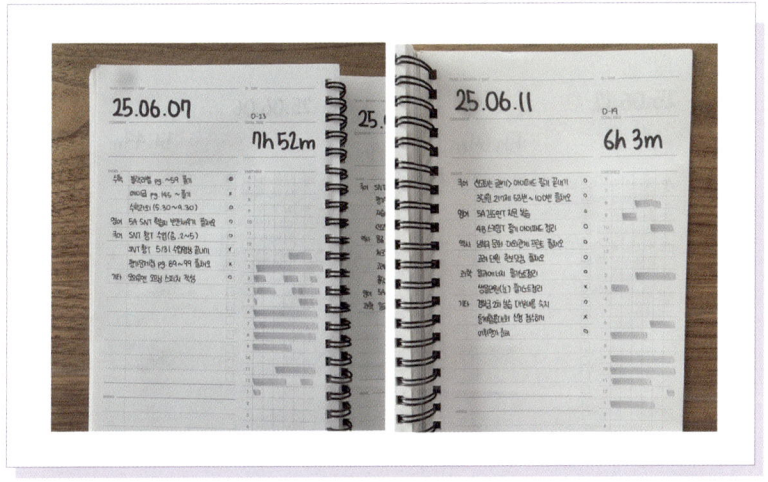

효율이 적다던가, 수행평가 마감 요일이 특정 요일로 몰릴 때가 많아서 그 전날은 여유 시간을 배치하면 좋다던가 하는 노하우들이 생겨나더라고요. 이렇게 수정하는 과정을 통해 아이는 점차 현실적이고 실행 가능한 계획을 세우는 법을 배웠답니다.

 네 번째는 노트 필기하는 습관이에요. 단순히 선생님 말씀을 받아 적는 것이 아닌, 핵심 내용을 파악해서 자신만의 방식으로 정리할 수 있는 능력이 필요해요. 처음에는 교과서를 읽으면서 구조화하는 연습을 하고, 이후 다양한 방법으로 노트 필기를 하도록 했어요. 가장 기본은 색깔 펜을 활용한 체계적 정리법! 예를 들어 검은색은 기본 내용, 빨간색은 핵심 개념, 파란색은 예시, 초록색은 자신의 생각이나 추가 메모, 형광펜은 선생님이 수업 시간에 강조하신 부분 등. 이런 식으로 색깔별 역할을 정해두고 필기하는 거예요. 이렇게 하니 나중에 노트를 볼 때 한눈에 중요한 부분을 파악할 수 있어요.

또 핵심어 뽑는 연습도 중요해요. 문단을 요약하는 연습부터 시작해서 중요한 키워드를 3-4개 뽑아 정리할 수 있어야 하는데 그것의 기본은 단원 제목과 학습 목표예요. 제목과 학습 목표에는 그 단원의 키워드가 들어 있거든요. 처음에는 어려워했지만 연습하다 보니 점차 핵심을 파악하는 눈이 생기더라고요. 마인드맵으로 정리하기, 도표나 그림, 지도를 활용해서 시각적으로 정리하기 등도 함께 연습했어요. 아이가 어떤 방식이 자신에게 맞는지 찾아가는 과정이었죠.

시험을 앞두고는 이 모든 것을 모아서 단권화할 수 있어야 해요. 시험 범위에 해당되는 교과서 부분, 노트와 프린트물들을 나만의 핵심 요약집으

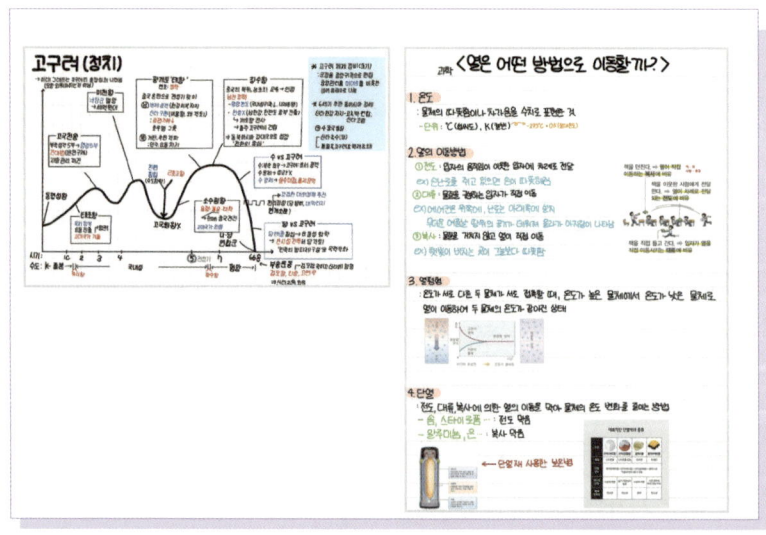

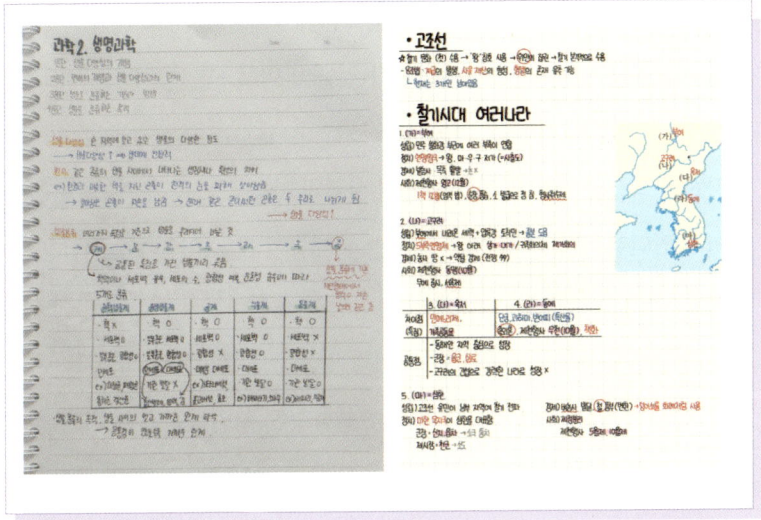

로 만드는 것이죠. 이 과정에서 정말 중요한 내용만 추려내고, 자신만의 방식으로 재정리하니까 머릿속에 확실히 기억되더라고요.

이 습관은 여유를 두고 연습하는 것이 좋아요. 나만의 방식도 찾아야 하고 핵심어를 찾는 능력도 길러져야 하거든요.

졸업을 앞두고

졸업을 앞둔 아이를 보면 정말 많이 성장했어요. 공부 실력은 물론 자신감도 늘었고, 무엇보다 다양한 분야에 대한 호기심이 커졌어요. 자기의 성향에 맞는 학교를 스스로 찾아 지원하고, 자소서에 적을 부족한 부분을 찾아 자율동아리 활동을 하고, 국제 교류나 발표회에 용기내 지원하고 준비하는 모습을 보면 뿌듯해요. 물론 여전히 모든 면에서 1등은 아니에요.

해야 할 것이 많고, 잠이 부족하고, 압박감에 힘들어할 때도 많죠. 하지만 이런 어려움을 언젠가는 극복해 나갈 것을 알아요. 꼭 1등이 아니어도 자신이 발전되어 가고 있다는 것을 알죠.

자신의 목표를 정하고 계획을 세워 실행해 가는 모습을 보면, 국제중 선택이 옳았다는 생각이 들어요. 하지만 국제중이 모든 아이에게 정답은 아니에요. 아이의 성향과 목표, 가족의 상황을 종합적으로 고려해서 신중하게 결정하시길 바라요. 무엇보다 아이의 의견을 충분히 들어 보시고, 아이가 감당할 수 있는 성향인지, 진심으로 원하는지 확인하는 것이 가장 중요해요. 저 또한 둘째의 초등학교 졸업을 앞두고 같은 고민을 하기 시작했답니다.

진로를 찾는 아이와 함께 슬로리딩

김문영

중등 시기는 다양한 독서로 시야를 넓히는 시기예요. 특히 다양한 교과와 연결된 책들을 읽으며 배경지식을 넓히고 관심 분야를 찾아보는 것이 중요해요. 국제중학교의 경우 국어, 수학, 사회, 과학, 도덕, 중국어, 스페인어, 영어 등 각 과목별로 수행평가용 도서가 지속적으로 제시되는데, 이를 단순히 과제로만 여기지 말고 진로 탐색의 기회로 활용해야 해요.

특히 1학년 때는 여러 가능성을 열어두고 다양한 분야를 탐색하는 것이 중요해요. 아직 구체적인 진로를 정하지 않았더라도, 여러 분야의 책을 읽으면서 자신이 어떤 것에 흥미를 느끼는지 파악하는 시간으로 삼아야 해요.

그런데 중학교에 입학하면 아이들은 갑자기 두꺼워진 책과 깊어진 내용에 당황하기 마련이에요. 초등학교 때까지 읽던 얇고 쉬운 책들과는 확연히 다른 수준의 독서를 요구받게 되거든요. 이때 중요한 것은 무작정 많은 책을 읽는 것보다 '슬로리딩(slow reading)'을 통해 한 권을 깊이 있게 읽는 습관을 기르는 것이에요.

제가 학생들과 운영하고 있는 고전독서클럽, 중등독서클럽, 세계 역사 이야기 등의 활동에서도 한 권의 책을 한 달 동안 천천히 읽어 가는 방식을 통해 독서력을 기르게 하고 있어요. 매일 분량을 나눠 읽고, 읽은 부분에서 인상적인 문장을 필사하고, 느낌을 적는 것에서 시작해서 숨겨진 배경지식도 알아보고, 여러 분야와 연결해서 독서감상문을 작성하게 하는 것이죠. 이러한 깊이 있는 독서를 통해 아이들은 자신의 관심사를 발견하고 진로로 연결할 수 있게 하고 있어요.

중등독서클럽 활동 사례

도서명	탐구 주제	연계 분야
『워싱턴 블랙』	노예제도와 흑인 차별	역사학, 사회학, 인권법
『최재천의 인간과 동물』	생명과학과 윤리	생물학, 동물행동학, 환경학
『앵무새 죽이기』	인종 차별과 정의	법학, 사회복지, 교육학
『곰브리치 세계사』	문명의 발전과 변화	역사학, 고고학, 문화인류학
『방구석 미술관』	예술과 역사의 만남	미술사, 큐레이터, 문화 기획
『AI 2041』	인공지능과 미래 사회	컴퓨터공학, 데이터사이언스, 미래학
『떨림과 울림』	물리학과 일상의 연결	물리학, 공학, 과학 커뮤니케이션
『변호사 실격』	법조계의 현실과 정의	법학, 사법부, 사회 개혁

고전독서클럽 활동 사례

도서명	배경지식 탐구	확장학습
『트로이 전쟁』	고대 그리스의 특징과 전쟁	고고학, 고대사, 신화학
『플랜더스의 개』	루벤스와 플랑드르 지역	미술사, 유럽사
『동방견문록』	원나라와 쿠빌라이 칸	동양사, 문화교류사, 지리학
『로빈후드의 모험』	중세 시대의 특징	중세사, 사회제도, 문학
『레 미제라블』	프랑스 혁명	근대사, 사회학, 정치학
『파리의 노트르담』	종교 개혁	종교사, 건축학, 유럽사
『동물농장』	스탈린과 사회주의 혁명	정치학, 현대사, 사회학

슬로리딩의 과정은

1) 일일 독서 기록: 매일 읽은 부분에서 인상적인 문장 필사

2) 느낌 표현하기: 읽은 내용에 대한 개인적인 생각과 감정 기록

3) 배경지식 탐구: 책에 나오는 시대적 배경, 인물, 사건 등 조사

4) 다양한 분야 연결: 읽은 내용을 현재 사회 문제나 다른 학문 분야와 연결

5) 종합 독서감상문: 한 달간의 독서 경험을 종합하여 깊이 있는 감상문 작성

전문 분야 독서의 시작

중등 2학년부터는 좀 더 구체적인 진로 방향을 정해서 관련 활동과 독서를 병행하는 방식으로 접근해요. 이때부터는 조금 더 전문적인 내용을 다루는 책들을 읽는 것이 좋아요.

저희 아이는 외교관을 꿈꾸면서 우리나라 역사와 세계 역사, 그리고 세계가 어떻게 돌아가는지 시사적인 내용을 알고자 했어요. 역사책과 함께 다양한 활동을 통해 관련 경험을 쌓아 나갔죠. 반크에서 청소년 외교관 활동 참여, 영어로 궁궐에 대해 설명해 주는 궁궐 해설사 과정 수료, 외국인에게 궁에 대해 설명하는 봉사활동, 유네스코 동아리 활동, 국제교류 프로그램을 통해 외국 학생들과 온라인 정기 토론, 영자신문으로 국내외 소식 전하기 등을 이어나갔어요.

이러한 활동들은 모두 독서를 통해 얻은 배경지식을 바탕으로 이루어져요. 책에서 배운 지식을 실제 활동에서 활용하고, 활동 경험을 통해 다시 더 깊이 있는 독서를 하게 되는 선순환 구조를 만들어 가는 것이죠. 그리고 자신이 생각한 진로에 대해 주제를 정해 탐구 보고서를 작성해 보는 것이 좋아요. 탐구 주제를 정할 때는 여러 인문학 책들의 목차를 보고 융합적인 아이디어를 얻는 것이 효과적이에요. 시간 여유가 있는 방학 때가 이런 깊이 있는 탐구를 하기에 적절한 시기예요.

저희 아이는 『세계는 왜 싸우는가?』, 『지리의 힘』, 『나의 첫 지정학 수업』을 읽고 '영국의 세계사적 기여: 지리적 단점을 극복함으로써 이루어낼 수 있었던 세계적 번영과 전 세계에 미친 영향'을 주제로 17장의 보고서를 작성했어요. 이 보고서를 통해 단순히 책의 내용을 정리하는 것이 아니라 여러 책에서 얻은 지식을 종합하여 자신만의 관점으로 해석하고 분석하는 능력을 기를 수 있었어요.

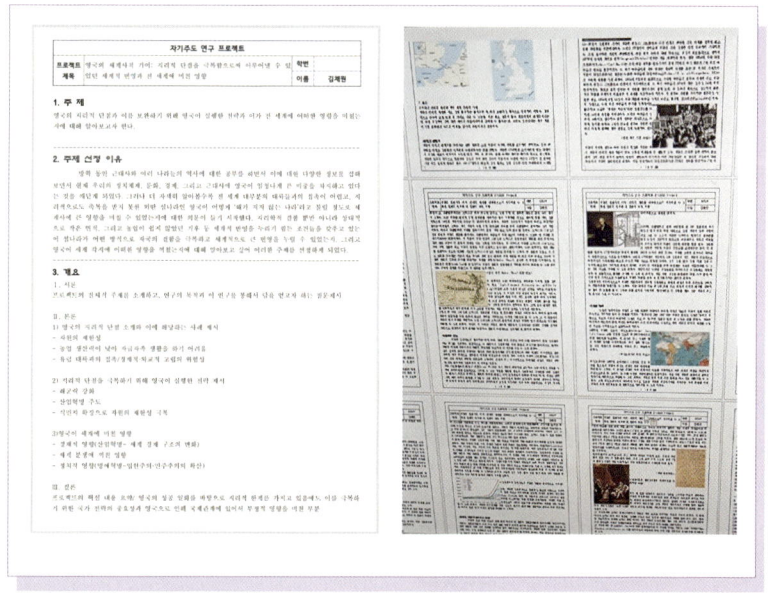

가르치는 중학생 친구들과도 겨울방학에 탐구 보고서, 소논문 쓰기를 진행하고 있어요. 지난 겨울에는 『지리의 힘 1, 2』를 읽고 세계사를 공부해서 보고서를 작성했죠. 처음 쓰는 아이들은 주제 정하기를 어려워해서 '영국이 세계사에 미친 영향', '중동전쟁: 지정학적 관점에서 분석하는 현대사 탐구'와 같은 구체적인 주제를 제시했어요.

또 고전에서는 『15소년 표류기』와 『파리대왕』을 비교해 보면서 인간의 본성에 대해 탐구해 볼 수 있게 해요. 같은 상황에서 다르게 그려지는 인간의 모습을 통해 철학적 사고를 기를 수 있는 이런 활동은 방학 중에 시간을 두고 천천히 하면 더욱 효과적이에요.

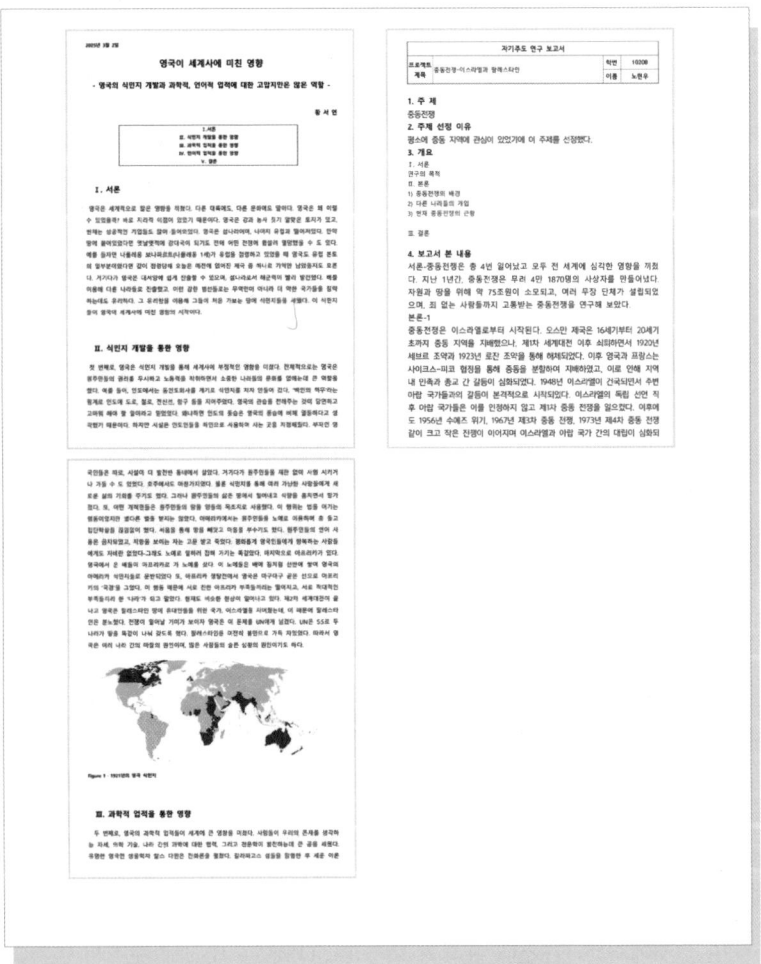

이과 분야에서도 인문학적 사고가 중요해요. 과학 기술의 발전이 사회에 미치는 영향, 연구 윤리, 기술과 인간의 관계 등을 다룬 책들을 함께 읽으면서 균형 잡힌 시각을 기를 수 있어요.

이과 분야 도서 예시

분야	추천 도서	진로 연결
의학	『우리는 왜 잠을 자야 할까』, 『세상을 바꿀 미래 의학 설명서』	의사, 간호사
공학	『과학을 만든 결정적 질문』, 『재밌어서 밤새 읽는 물리 이야기』	각종 엔지니어, 기술개발
생명과학	『이기적 유전자』, 『최재천의 인간과 동물』	생명과학자, 연구원
환경	『침묵의 봄』, 『6도의 멸종』	환경공학, 기후변화 전문가
컴퓨터	『AI 2041』, 『넥서스』	개발자, AI 전문가

진로를 찾아가는 과정에서 독서는 단순히 정보를 얻는 수단이 아니라, 자신의 관심사를 발견하고 깊이 있는 사고력을 기르는 중요한 도구랍니다.

무엇보다 중요한 것은 책을 빨리 많이 읽는 것이 아니라, 한 권을 깊이 있게 읽으면서 생각하는 힘을 기르는 것이에요. 슬로리딩을 통해 배경지식을 탐구하고, 다양한 분야와 연결하여 사고하는 습관을 기르다 보면, 자연스럽게 자신만의 진로를 찾아갈 수 있을 거예요.

아이 안의 가능성을
여는 부모의 질문

김성화

모든 아이는 저마다 다른 색깔과 모양의 특별한 '씨앗'을 마음속에 품고 있어요. 이 소중한 씨앗이 건강하게 싹을 틔우고 세상에 아름다운 꽃을 피우도록 돕는 것은 우리 부모의 매우 중요하고도 아름다운 역할 중 하나이지요. 최근 교육계에서는 '부모가 어떤 질문을 던지는가' 하는 '부모의 질문력'이 자녀의 성장과 잠재력 발현에 얼마나 긍정적인 영향을 미치는지에 주목하고 있어요. 부모가 일방적으로 지시하거나 명령하기보다, 아이 스스로 생각하고 자신의 마음속 이야기를 들여다보게 유도하는 질문은 아이의 생각하는 힘과 '나는 어떤 사람이지?' 하는 자기 이해 능력을 크게 키워 줍니다. 특히 우리 자녀가 가진 고유하고 특별한 강점을 발견하는 과정에서 부모의 질문은 매우 강력하고 빛나는 도구가 될 수 있어요.

그렇다면 여기서 말하는 '강점'이란 대체 무엇일까요? 흔히 강점이라고 하면 학교 성적이 뛰어나거나 그림, 음악, 운동과 같은 특정 분야에서 남보다 월등히 잘하는 재능만을 떠올리기 쉬운데요. 그보다 아이의 강점은 훨씬 더 넓고 다양한 형태로 아이들 안에 숨겨져 있습니다.

먼저 몰입과 즐거움을 들 수 있어요. 어떤 활동을 할 때 시간 가는 줄 모르고 깊이 집중하며 눈이 반짝이는 경험, 그리고 그 활동을 통해 아이 스스로 에너지를 얻고 깊은 즐거움을 느끼는 영역이지요. 아이가 무엇에 몰입하고 즐거워하는지 눈여겨봐 주세요.

다음은 자연스러운 탁월성을 들 수 있어요. 특별히 노력하지 않아도 쉽게 배우거나, 하려고 마음먹으면 재미있게 척척 해내는 영역이지요. 그림 그리기, 복잡한 장난감 조립 능력, 다른 친구의 이야기를 진심으로 잘 들어주는 경청 능력, 궁금한 것을 끝까지 파고들어 탐구하는 호기심 등이 여기에 해당될 수 있어요.

그 다음 내면의 힘은 어려움이나 실패에 직면했을 때 쉽게 포기하지 않고 새로운 방법을 찾으려고 노력하거나, 주변 친구가 힘들어할 때 따뜻한 마음으로 위로하고 돕는 공감 능력과 같은 내면의 단단함을 말해요. 마지막으로 고유한 관점은 세상을 자신만의 독특하고 예리한 시선으로 바라보고 질문을 던지며, 남들이 무심코 지나치는 작은 것에서도 특별한 의미나 재미를 발견하는 관찰력과 통찰력입니다.

이렇듯 우리 아이의 강점은 눈에 보이는 결과물뿐만 아니라, 아이가 어떤 활동에서 긍정적인 에너지를 얻고 스스로 어떤 부분에서 자신감을 느끼는지 등 아이의 내면 깊숙한 곳에 자리하고 있어요. 이러한 아이 안의 소중한 강점 씨앗을 발견하기 위해, 우리는 아이에게 '질문'이라는 도구를 부드럽게 사용해야 한답니다. 부모의 질문은 아이 스스로 자신의 마음속을 들여다보게 하는 '성찰의 거울'과 같아요.

'부모의 질문력'으로 아이 안의 강점이 자라나요

부모가 던지는 질문은 아이에게 '나는 네 생각과 마음에 진심으로 관심이 있어', '우리 아들/딸이 어떤 아이인지 엄마(아빠)는 정말 궁금하단다'라는 매우 중요하고 따뜻한 메시지를 전달해요. 아이는 부모가 자신을 있는 그대로 궁금해하고 존중해 준다는 느낌을 받을 때 심리적으로 안정감을 느끼고, 자신의 내면 이야기를 부모에게 더욱 편안하게 꺼내 놓게 됩니다. 바로 이때 아이 안에 숨겨져 있던 강점 씨앗이 '나 여기 있어요!'라고 자신의 존재를 부모에게 드러내기 시작하지요.

아래에 자녀와 함께 시도해 볼 수 있는 구체적인 '강점 찾기 질문'들을 몇 가지 소개할게요. 아이의 연령이나 성향, 그리고 현재 상황에 맞춰 질문의 방식이나 내용을 유연하게 바꿔가며 활용해 보는 것을 권장합니다. 이 질문들이 아이 마음의 문을 여는 작은 열쇠가 되기를 바라요.

1) 아이의 흥미와 몰입 영역을 탐색하는 질문

이러한 질문들은 우리 아이가 어떤 활동에서 자연스럽게 끌리고 깊이 몰입하는지 파악하는 데 매우 유용해요. 아이가 지루함 없이 즐거움을 느끼며 시간 가는 줄 모르고 깊이 집중하는 활동 속에 아이 강점의 씨앗이 숨어 있을 가능성이 높기 때문이죠.

"혼자서 놀 때 너를 가장 신나고 재미있게 만드는 활동은 무엇이니?"

"어떤 놀이나 활동을 할 때 '어? 벌써 이렇게 시간이 됐네?' 하고 시간이 빨리 가는 것처럼 느껴지니?"

"친구들과 함께 있을 때 가장 재미있다고 느끼거나 즐거워지는 것은 무엇이니?"

"무언가를 만들거나 그릴 때, 어떤 것을 가장 표현하고 싶다는 마음이 드니?"

"학교 숙제나 공부와 상관없이, 네가 스스로 좋아서 하는 일 중에 가장 재미있는 것은 무엇이야?"

2) 아이가 스스로 인지하는 강점과 성공 경험을 발견하는 질문

이 질문들은 우리 아이가 스스로 인식하고 있는 자신의 강점이나 긍정적인 성공 경험을 떠올리게 함으로써 아이가 자신감을 느끼는 영역을 파악하는 데 도움을 주지요. 아이 스스로 '나는 이것을 잘한다'고 생각하는 부분 역시 매우 중요한 강점이 될 수 있어요.

"어떤 일을 다 마쳤을 때 '와! 내가 이걸 해냈어!' 하고 가장 큰 뿌듯함과 기쁨을 느꼈니?"

"무언가를 새롭게 배울 때, 다른 친구들보다 좀 더 쉽거나 재미있다고 느꼈던 경험이 있었니?"

"친구나 다른 사람들이 너에게 '이거 어떻게 하는 거야?' 하고 방법을 물어보거나 도움을 요청한 적이 있니? 그때 친구가 무엇을 궁금해했니?"

"친구들이나 주변 사람들이 너에게 '정말 대단하다!', '어떻게 그렇게 잘하니?'라고 말하며 칭찬하거나 감탄했던 적이 있니? 그때 너는 무엇을 하고 있었니?"

"네 생각에 너는 어떤 것을 다른 사람보다 좀 더 잘한다고 느끼거나 자신 있는 것 같아?"

3) 아이의 관계 방식과 내면 가치를 알아보는 질문

　이러한 질문들은 우리 아이의 공감 능력, 사회성, 타인과의 관계 맺는 방식, 세상을 바라보는 관점, 그리고 아이가 중요하게 생각하는 가치관 등 다양하고 깊은 사회적, 정서적 강점을 발견하는 데 기여해요. 아이가 다른 사람과 어떻게 관계 맺고 세상을 어떻게 이해하는지 그 모습 속에서 아이만의 특별한 빛깔을 찾아낼 수 있답니다.

"새로운 친구를 사귀게 될 때, 너는 친구에게 어떻게 먼저 다가가려고 노력하니?"

"책이나 TV 프로그램, 영화 등을 볼 때 어떤 이야기에 가장 마음이 움직이고 오랫동안 기억에 남니?"

"네가 생각할 때 '정말 멋지고 본받고 싶다'고 느끼는 어른은 어떤 모습이니? 왜 그렇게 생각하니?"

"만약 친구가 많이 힘들어 보이거나 속상해 보인다면, 너는 그 친구에게 어떻게 해주고 싶다는 마음이 가장 먼저 드니?"

4) 아이의 꿈과 비전을 살짝 엿보는 질문

이 질문들은 우리 아이의 가슴속에 품고 있는 꿈, 열정, 그리고 앞으로 어떤 사람이 되고 싶은지 같은 이상향을 부드럽게 탐색하는 데 좋아요. 아이가 어릴 때 막연하게 꾸는 꿈이나 동경하는 모습 속에 아이의 숨겨진 강점과 깊은 흥미가 담겨 있을 때가 많답니다.

"나중에 네가 어른이 되어서 정말 즐겁게 몰입하며 할 수 있는 일은 무엇일 것 같다는 생각이 드니?"

"만약 네게 세상을 지금보다 더 좋은 곳으로 바꿀 수 있는 힘이 생긴다면, 가장 먼저 무엇을 바꾸고 싶어?"

"네가 어른이 되면 어떤 모습의 사람이 되고 싶니? 왜 그런 사람이 되고 싶다는 마음이 드니?"

"만약 너에게 특별한 마법 능력이 생긴다면, 어떤 능력을 가지고 싶어? 그 능력으로 세상을 위해 무엇을 가장 해보고 싶니?"

아이 안의 강점 씨앗을 찾기 위한 질문은 단순한 대화 기술이 아니에요. 아이의 마음을 열고 깊은 내면의 이야기를 이끌어내는 섬세한 과정이지요. 성공적인 질문을 위해 부모님께서 꼭 기억하고 실천해야 하는 중요한 지침들이 있어요.

먼저, 진심으로 궁금해하는 마음으로 질문합니다. 질문이 마치 아이를 시험하거나, 부모가 미리 정해 놓은 답을 유도하는 것처럼 느껴진다면, 아이는 금세 마음의 문을 닫아 버릴 수 있어요. 부모님께서 자녀의 생각과 마음에 대해 진심으로 궁금해하고 있다는 것을 따뜻한 눈빛과 표정, 그리고 온화한 목소리로 보여주는 것이 무엇보다 중요합니다. 아이는 부모의 진심을 느낄 때 비로소 자신의 속마음을 열어 보여주어요.

자녀의 대답에 진심으로 귀 기울이고 존중합니다. 아이의 대답이 부모님의 예상과 다르거나, 때로는 다소 엉뚱하게 느껴지더라도 아이의 이야기를 중간에 끊거나 부모의 잣대로 평가해서는 안 돼요. "아하, 우리 ○○이는 그렇게 생각했구나. 왜 그렇게 생각했는지 엄마/아빠한테 좀 더 자세히 이야기해 줄 수 있니?"와 같이 격려하며 아이가 자신의 생각을 더 깊이 펼칠 수 있도록 이끌어 주는 것이 좋아요. 아이의 모든 대답은 그 안에 아이만의 고유한 생각과 가치를 담고 있으므로 그 자체로 소중합니다.

편안하고 자연스러운 분위기에서 질문합니다. 아이가 심리적으로 편안함과 안정감을 느끼는 시간과 장소에서 자연스러운 대화처럼 질문을 던지는 것이 효과적이에요. 온 가족이 함께하는 식사 시간, 집 앞 공원 산책 중, 아이가 잠자리에 들기 전처럼 편안한 분위기에서 질문을 시도해 보세요. 질문 시간이 아이에게 '또 뭔가를 평가받는 시간인가?' 하는 부담이나 긴장감을 주는 상황이 되지 않도록 유의해야 한답니다.

한 번에 너무 많은 질문을 쏟아내지 않습니다. 한 번에 너무 많은 질문을 아이에게 던지면 아이가 질문에 지치거나 귀찮아할 수 있어요. 하루에 한두 개의 질문이라도 좋습니다. 중요한 것은 '꾸준함'입니다. 조급해하지 않고 꾸준히 그리고 자연스럽게 일상적인 대화 속에 질문을 녹여내는 것이 장기적으로 아이의 마음을 여는 데 훨씬 효과적이에요.

자녀의 '말'뿐 아니라 '행동'을 세심하게 관찰하는 것 또한 중요합니다.

말로 자신의 생각이나 감정을 표현하는 것이 아직 서툰 아이들도 있어요. 아이가 놀이하는 모습이나 특정 활동에 몰입하는 모습을 부모님께서 유심히 관찰하면서 '아, 우리 아이는 이런 활동을 할 때 정말 눈이 반짝이고 즐거워하는구나', '이런 방식으로 접근하니 문제를 잘 해결하는구나'와 같이 부모님께서 직접 아이의 강점을 발견하는 것도 훌륭한 방법이에요. 아이의 긍정적인 모습을 발견했다면 나중에 "네가 이것을 할 때 정말 집중하고 멋져 보였단다! 네게 이런 능력이 있는 줄 몰랐어!"와 같이 구체적이고 진심 어린 긍정적인 피드백을 주는 것은 아이 스스로 자신의 강점을 인식하고 자신감을 갖는 데 큰 도움이 되어요.

부모는 아이라는 소중한 씨앗이 건강하고 아름답게 잘 자랄 수 있도록 돕는 '정원사'와 같아요. 부모는 이 씨앗이 어떤 모양의 꽃을 피울지 미리 정해 놓고 억지로 그 형태를 만들려고 강요하기보다는, 아이 스스로가 가진 가능성을 최대한 발휘하여 가장 아름다운 모습으로 피어날 수 있도록 충분한 영양분(사랑과 관심), 따뜻한 햇볕(긍정적인 환경과 지지), 그리고 신선한 물(격려와 질문)을 제공하는 역할을 하는 것이죠.

아이 안의 강점 씨앗을 찾아가는 여정은 단기간에 끝나는 빠른 작업이 아닙니다. 마치 씨앗이 싹을 틔우고 성장하는 것처럼 꾸준한 관심과 따뜻한 인내심이 필요하죠. 오늘 아이에게 질문했다고 해서 내일 당장 아이의 숨겨진 강점이 명확하게 눈앞에 드러나지 않을 수도 있어요. 그러나 포기하지 않고 지속적으로 아이에게 진심 어린 관심을 가지고 애정 어린 질문을 던지다 보면, 어느 순간 아이 안에 깊이 숨겨져 있던 반짝이는 씨앗이 조심스럽게 싹을 틔우고 점차 자신의 아름다운 모습을 세상에 드러낼 거에요. 부모의 질문은 그 씨앗에게 보내는 가장 따뜻한 봄 햇살이 되어 줄 거에요.

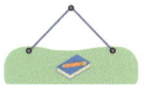

세상을 보는 눈,
우리 집 경제 콘서트
김성화

아이에게 '돈'을 이야기하면 어른들부터 주춤했지요. '아직 어려서 뭘 알겠어', '너무 일찍 돈을 알면 철이 덜 들지 않을까' 하는 걱정이 먼저 들었답니다. 하지만 돈 이야기를 피한다고 해서 아이가 세상 물정을 모른 채 자라 주지는 않더군요. 차라리 어릴 때부터 돈이 어디서 오고 어디로 흘러가는지 자연스럽게 익히도록 돕는 게 낫겠다 싶었어요. 그래서 우리 집은 경제를 따로 가르친다기보다 일상 속 대화로 배우도록 했어요. 마트에 가서 물건 하나를 고를 때도, 용돈을 어디에 쓸지 고민할 때도, 기부함 앞에서 잠깐 멈출 때도 우리는 늘 '왜 그걸 고를까?', '어디에 쓰면 좋을까?' 하고 이야기를 꺼내 보았지요. 어렵게만 느껴졌던 경제 이야기가 가족 이야기로 바뀌면 공부는 책 속 지식이 아니라 삶이 된답니다. 저는 이런 시간을 '우리 집 경제 콘서트'라고 부르고 있어요. 누구나 무대 위에서 박수받듯이 대단할 필요는 없어요. 소박한 식탁 위에서, 주말 장보기 길에서, 저금통 앞에서 아이와 부모가 함께 웃고, 질문하고, 조금씩 선택하며 배우면 그게 바로 경제 공부지요. 우리 집 작은 경제 콘서트에 여러분을 초대합니다. 공연장은 바로 우리 가족이 사는 이 집이고, 무대는 일상 한가운데예요. 아이에게 세상을 보는 눈을 열어 주기 딱 좋은 자리랍니다.

1) 가족 장보기 리스트 만들기

가족 장보기 리스트 만들기는 우리 집 경제 콘서트에서 가장 자주 열리는 무대 중 하나였지요. 우리 가족은 일주일에 한 번, 장보는 날이면 아이와 '장보기 리스트'를 먼저 써 보는 편입니다. 마트에 가기 전 이번 주에 꼭 필요한 것을 가족끼리 의논해서 정해요.

이때 아이가 "이번엔 수박도 사고, 복숭아도 사고, 참외도 사면 안 돼

요?" 하고 물으면, "다 먹고 싶지만 이번 주엔 수박만 사자. 다음 주엔 복숭아를 사 보자." 하고 우선순위를 정했지요. 이렇게 하나하나 고르면서 아이도 알게 됩니다. '갖고 싶은 걸 다 살 수는 없구나, 순서를 정해야 하는구나' 하고요.

장은 한 번에 10만 원이 넘어가지 않도록 예산을 정해 두었어요. '이번 주는 얼마까지 쓸 수 있을까?' 하고 아이와 같이 계산해 봅니다. 마트에 가면 아이가 직접 가격표를 들여다보고, 같은 과자를 사더라도 가격이 더 합리적인 걸 골라 보자고 했답니다. 어느 날은 아이가 "엄마, 이건 편의점보다 마트가 더 싸네요!" 하고 스스로 비교하기도 했지요.

장을 다 보고 집에 돌아오면 영수증과 처음에 만든 장보기 리스트를 펼칩니다. "왜 계획보다 돈이 더 들었을까?" 하고 같이 돌아봅니다. 이번에 예상보다 많이 썼다면 다음번에는 외식을 한 번 줄이기로 약속하기도 했어요. "이번 주 외식 한 번 줄이면 아껴둔 돈으로 다음에 네가 고른 참외를 살 수 있겠다!" 하고 말이지요. 이 작은 장보기 한 번에도 아이는 돈이 어디서 어떻게 나가고, 선택이 왜 중요한지 몸으로 배웠답니다. 장보기가 단순히 물건 사는 일이 아니라 우리 집 경제 콘서트의 살아있는 연습장이 되는 순간이지요.

2) 어린이 경제 신문 함께 읽기

일주일에 한 번, 우리 집 식탁 위에는 밥 대신 신문이 펼쳐졌답니다. 학교 갈 준비를 모두 마친 뒤 아이와 나란히 앉아 어린이 경제 신문을 함께 읽었지요. 처음엔 신문이라고 하면 딱딱하고 어려울 거라 생각했는데, 우편함에 신문이 도착할 때마다 아이가 마치 산타할아버지의 선물이라도 받을 듯 기다렸어요. 신문 봉투를 뜯을 때부터 아이의 눈은 반짝였답니다.

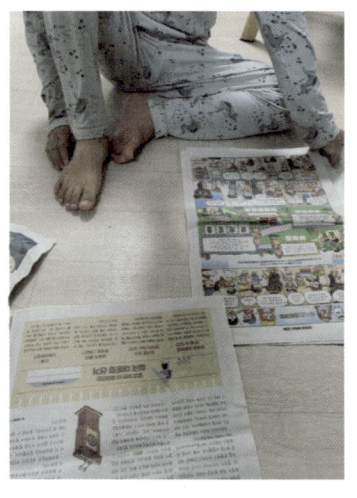

신문을 펼치면 가장 먼저 1면의 그림이나 사진을 같이 들여다보았습니다. "이번 주 그림에는 무슨 이야기가 숨어 있을까?" 하고 아이에게 먼저 물어봤지요. 기사 제목만 보는 게 아니라 사진 한 장에도 '왜 이런 사진이 붙었을까?' 하고 궁금증을 불러일으켰습니다. 그렇게 자연스럽게 글 읽을 준비를 했지요. 그다음엔 초등학생이 이해할 만한 기사를 골라 봤어요. 'G7은 무엇일까?', '치킨 값이 왜 올랐을까?', 'K-푸드 열풍', '사고 팔고 빌리는 부동산' 같은 제목은 아이가 정말 궁금해했답니다. 치킨은 자기가 먹는 거니까, 값이 왜 오르는지 꼭 알고 싶었나 봐요.

"치킨이 왜 비싸졌을까? 그럼 우리 집 저녁 메뉴에도 영향이 있을까?" 하고 물으면 아이도 자기 생각을 하나씩 내놓았습니다. 읽고 나서는 "이게 우리 생활에 어떤 영향을 줄까?" 하고 자연스레 가족 대화로 이어졌습니다. 치킨 값이 오르면 치킨집 사장님은 어떨지, 배달비는 또 어떻게 될지 이어서 질문했어요. 다루기 어려운 주제인 부동산도 집은 살 수 있고 팔 수 있고 빌릴 수도 있다라고 이해할 수 있었답니다.

이렇게 밥상머리 신문읽기가 쌓이니, 신문이 아이에게 가장 손쉬운 경제 교과서가 되었답니다. 아직 어려서 어렵지 않을까 걱정했는데, 오히려 신문이 있으니 더 재미있게 대화를 시작할 수 있었어요. 이번 주말엔 신문 한 장 펼쳐놓고 아이와 같이 궁금한 기사를 찾아볼까요? 밥상머리에서 나누는 작은 대화가 아이의 경제 눈높이를 한 뼘 더 키워 줄 거예요.

3) 플리마켓으로 '투자-수익-재투자' 경험하기

플리마켓으로 물자 순환하기는 우리 집 경제 콘서트에서 아이가 가장 신이 나는 하이라이트 무대입니다. 요즘 아이들은 새 물건을 쉽게 사지만, 쓰던 물건을 직접 팔아 본 적이 거의 없었지요. 그래서 우리 가족은 1년에 한 번은 꼭 동네 플리마켓에 나갑니다.

처음엔 아이가 "이걸 왜 팔아요? 그냥 두면 안 돼요?" 하고 묻더군요. 그럴 때마다 물어봤습니다. "이 물건이 너한테 정말 필요할까? 지난 한 달 동안 한 번이라도 썼니?" 하고요. 아이 방을 같이 둘러보면 쓸모는 있지만 손

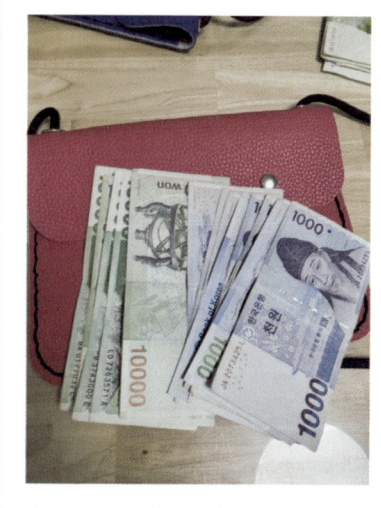

이 가지 않는 장난감, 이미 다 본 책, 두 개씩 있는 필통 같은 게 꼭 있지요. "필요한 사람한테 가면 더 좋지 않을까?" 하고 물으면 아이도 조금씩 고개를 끄덕였답니다.

물건을 고른 뒤에는 판매 준비가 시작됐어요. 먼지 묻은 장난감은 물티슈로 닦고, 책은 찢어진 페이지가 없는지 살펴봤지요. 아이 스스로 물건을 더 깨끗하게 만들수록 새 주인을 더 쉽게 만난다는 걸 배웠어요. 그다음엔 가격을 어떻게 붙일지 같이 의논했어요.

"이 책은 새 책이랑 비교하면 얼마가 적당할까?", "이 장난감은 다른 아이가 사려면 얼마면 좋을까?" 이렇게 하나하나 정하다 보면 아이는 자연스럽게 물건의 가치와 가격 책정의 의미를 알게 됩니다.

플리마켓 당일에는 더 바빴어요. 아이와 함께 작은 테이블 위에 물건을 보기 좋게 진열했지요. "이렇게 놓으면 더 눈에 띄겠다!", "가격표를 크게 붙여야 사람들이 알아보겠지?" 하며 아이는 작은 장사꾼이 되었답니다. 어떤 아이가 와서 "얼마예요?" 하고 물으면, 우리 아이는 직접 대답하고 흥정도 해봤어요.

판매가 끝나면 수익을 어떻게 쓸지 이야기를 나눴습니다. "이번에 번 돈으로 무엇을 할까? 전부 저축할까?" 가족회의 끝에 일부는 일본 가족여행 경비에 보태고, 일부는 아이의 통장에 저축하기로 했어요. 한 번의 플리마켓 경험으로 아이는 돈이 어떻게 '투자-수익-재투자'로 이어지는지 몸으로 느꼈답니다. 집 안에 잠자던 물건도 새 주인을 만나고, 아이는 물건의 순환과 돈의 흐름을 배웠지요.

이번 주말, 방 한켠에 잠자고 있는 물건이 있다면 아이와 함께 플리마켓 상자를 만들어 보면 어떨까요? 생각보다 더 많은 이야기가 그 상자 안에서 시작될 거예요.

4) 기부, 나눔의 의미부터 가르치기

초등학생에게 '기부'는 어른이 생각하는 것보다 훨씬 낯설고 어렵게 느껴지지요. 왜냐하면 아이들에게는 내 돈이 곧 '내 것 전부'라는 생각이 아주 강하답니다. 막 용돈을 받아 쓰기 시작한 아이는 가진 돈이 많지 않고, 그 돈을 모아 사고 싶은 물건이 또렷하게 머릿속에 있거든요. 그래서 "이 돈으로 뭘 사야지!" 하고 기대하고 있는데, 그 일부를 다른 사람에게 '그냥 준다'는 개념이 잘 와닿지 않는 거예요.

또 한가지 낯설고 어려운 이유는 '기부하면 어디로 가는지, 어떻게 쓰이는지'가 눈에 잘 보이지 않는다는 점이 있습니다. 과자 하나만 사도 내가 바로 먹을 수 있지만 기부는 돈을 낸다고 해서 바로 뭔가를 보거나 얻을 수가 없지요. 그래서 "내가 준 돈이 사라져 버리는 건 아닐까?" 하고 불안해하는 아이도 많습니다. 무엇보다 아이들 입장에서는 '누구에게 왜 주는지'를 구체적으로 알기 어렵다는 것도 있어요.

예를 들어 "아프리카 친구들을 위해 기부하자"고 하면, 그게 정확히 어떻게 도움이 되는지 머릿속에 그려지지 않는 거죠. 학교나 기부단체에서 모은 성금도 아이들은 그냥 '어른이 하자고 하니까 내야 하나 보다' 하고 따라갈 뿐 왜 그 돈이 필요한지, 그 돈이 어떻게 쓰이는지 이야기해 본 경험은 거의 없어요. 그래서 막상 '기부해 볼까?' 하면 아이는 "내가 왜 내 돈을 써야 하지?", "어디에 보내면 좋을까?", "내가 안 해도 되는 거 아닌가?" 하는 생각이 먼저 듭니다.

그런 점을 잘 알기에 기부가 어려운 아이에게 '나눔'을 자연스럽게 알려주려면, 머리로 가르치기보다 작은 경험을 직접 해 보게 하는 것이 가장 좋았답니다. 우리 집 경제 콘서트에서도 기부는 꼭 빠지지 않는 무대 중 하나였지요. 처음부터 "너의 용돈에서 일부를 꼭 내라" 하고 강제로 하지는 않았습니다. 대신 기부가 '내 돈을 뺏기는 일'이 아니라 '내가 선택해서 하는 따뜻한 행동'으로 아이가 느낄 수 있도록 작은 연결고리를 만들어 줬어요.

예를 들면, 아이가 더 이상 안 쓰는 장난감을 플리마켓에서 팔아 용돈을 벌었을 때였어요. 그 돈을 다 쓰게 하기보다는 "이번에 번 돈 중에서 얼마는 너를 위해 쓰고, 얼마는 다른 친구들을 위해 쓰면 어떨까?" 하고 제안했지요. 그러고는 직접 기부처를 고르게 했습니다. "동물보호소에 보낼까? 아니면 꿈이 있지만 형편이 어려워 공부를 포기해야 하는 아이들에게 보낼까?" 하고요.

이때 중요한 건 기부처가 아이 눈높이에 맞게 아주 구체적이어야 한다는 점이에요. 기부를 마치면 그 돈이 어떻게 쓰였는지를 꼭 같이 확인했어요. 단체에서 보내준 인증서나 감사 편지를 함께 읽고, "너 덕분에 책을 샀대." 하고 말해 주면 아이는 '내가 진짜로 무언가를 바꿨구나!' 하는 성취감을 느끼게 됩니다. 이렇게 기부는 억지로 내야 하는 돈이 아니라, 내가 가진 걸 조금 덜어내 세상이 조금 더 따뜻해지는 일이라는 걸 배워 갔어요.

| 에필로그 |

성적보다 더 오래 남는 것에 대하여

배혜림

이 책을 쓴 저희는 교사이자 자녀를 키우는 부모입니다. 교사로서 매년 수많은 아이들을 만나면서 '내 아이는 이렇게 키워야겠다'고 다짐하기도 하고, 반짝이는 눈빛으로 자신의 길을 찾아가는 아이들을 보며 '어떻게 키웠기에 이렇게 잘 자랐을까' 감탄하기도 합니다.

공부가 인생의 전부는 아니지만 그 단어 앞에 자주 멈춰 섭니다. 공부는 아이의 삶에서 가장 많은 시간을 차지하면서도 가장 많은 불안을 만들어 내는 이름입니다. "공부 잘하고 싶다"는 바람이 아이의 어깨에 얹힌 만큼, "어떻게 해야 공부를 잘할 수 있을까" 하는 무거움이 부모의 어깨 위에 얹혀 있습니다.

그 무거움에 대한 해답을 찾기 위해, 열두 명의 교사이자 부모가 함께 모였습니다. 다른 학교급에서 각기 다른 연령대의 자녀를 키우고 있는 저희는, 저희가 만난 수많은 아이들을 떠올리며 자녀를 어떻게 키워야 할지에 대해 함께 고민했습니다. 이 책은 그 질문과 그에 대한 답을 찾기 위해 실천했던 기록입니다.

비록 정답은 아닐지라도 모범 답안은 될 수 있지 않을까 생각합니다. 어떻게 공부의 환경을 마련해 줄 것인지, 실제로 어떻게 공부하면 좋을지, 공부하다가 좌절하면 어떻게 할지, 공부에 대한 방향은 어떻게 잡아 줄지 등을 다각도로 고민하고 고민했습니다.

공부는 하루아침에 만들어지지 않습니다. 하루 계획을 세우는 작은 습관, 한 줄이라도 스스로 써 보는 필기, 새로운 시도에 도전하는 자세, 집중할 수 있는 환경을 만드는 노력. 모두 작고 사소해 보이지만 이 작은 반복이 모여 공부의 틀이 됩니다.

우리는 그 고민의 방향이 '좋은 성적'이라는 목표에만 머물러선 안 된다고 생각합니다. 과목 공부는 삶과 연결되어야 비로소 진짜 공부가 됩니다. 일상에서 자연스럽게 익히고, 스스로의 언어로 다시 표현해내는 과정이 필요합니다. 그래야 그 공부가 아이의 삶 속에 오래 남습니다.

공부는 언제나 성공의 연속일 수 없습니다. 실패하고, 좌절하고, 흔들릴 때가 더 많습니다. 그럴 때 아이의 옆에서 묵묵히 함께 걸어 주고, 다시 방향을 잡아 주는 사람이 필요합니다. 때로는 말없이 지켜봐 주는 것이 조언보다 큰 위로가 되기도 합니다. 아이가 다시 일어설 수 있는 힘은 바로 그 곁에 있어 주는 어른에게서 비롯되기도 하지요. 어쩌면 그런 동행이 공부보다 더 중요한 교육일지도 모릅니다.

이 책을 마무리하며 저희는 다시 묻습니다.

왜 공부해야 할까요?

공부는 단지 더 높은 성적을 위한 수단이 아닙니다. 공부는 더 나은 내가 되기 위한 노력이며, 더 깊이 있는 이해를 위한 여정이고, 더 따뜻한 세상을 만들어 가기 위한 준비입니다.

성적은 언제든 변할 수 있습니다. 지금 좋은 성적을 거두더라도 그것이 아이의 삶 전체를 보장하지는 않습니다. 반대로, 지금 성적이 부족하다고 해서 아이의 가능성이 작아지는 것도 아닙니다. 진짜 공부는 결과보다 태도에 있습니다. 넘어졌을 때 다시 일어나는 힘, 모르는 것을 궁금해하는 마음, 알고 싶은 것을 끝까지 파고드는 끈기, 자신의 삶을 스스로 설계하려는 자세. 이 모든 태도가 아이 안에 자리 잡고 있다면, 그 아이는 이미 공부를 잘하고 있는 것입니다.

이 책에 담긴 열두 명의 교사 학부모의 이야기는 서로 닮았지만 모두 조금씩 다릅니다. 아이의 성별도, 나이도, 성향도 다르고, 공부를 대하는 방식도 제각각이지만 그 안에 흐르는 공통된 마음이 있습니다.

"공부는 아이의 삶을 위한 것이어야 한다."

그 삶은 타인과 함께 어울려 살아가는 삶이고, 자신의 목소리를 정확하게 표현하며 살아가는 삶이며, 세상의 변화를 두려워하지 않고 주도적으로 참여하는 삶입니다. 그리고 그 삶의 밑바탕이 되는 힘, 그것이 바로 문해력이고 사고력이며, 관계 맺기의 능력입니다. 이 힘이야말로 성적보다 더 오래 남는 것이 아닐까요?

이 책을 읽고 계신 여러분, 혹시 지금도 '아이 성적' 때문에 마음이 무겁지는 않으신가요? 그렇다면 잠시 멈춰, 아이의 '공부하는 얼굴'을 떠올려 보세요. 무언가를 이해했을 때 반짝이는 눈빛, 자신의 생각을 말하며 설레는 목소리, 질문 하나를 붙들고 끈질기게 고민하는 모습.

그 모든 순간이 진짜 공부입니다. 그 모든 시간이 성적보다 더 오래 남는 공부입니다. 우리는 그 공부를 믿습니다. 그리고 그 공부를 지지하고 함께 걸어가려는 여러분을 진심으로 응원합니다. 공부의 본질을 다시 묻고, 다시 시작하는 이 길 위에 당신과 당신의 아이가 함께 걷기를 바랍니다.

부모님에게 도움이 되는 사이트 활용법

 수학

똑똑수학탐험대 (https://www.toctocmath.kr/)
AI 기반 초등 수학 학습 시스템으로, 진단평가 후 수준별 문제와 게임형 활동 제공.
진단평가 결과를 통해 자녀 수준에 맞는 문제 제공, 게임 활동으로 수학 흥미 유도 가능.

알지오매스 (https://www.algeomath.kr/)
기하학, 함수, 확률 등 다양한 수학 개념 시각화.
도형·그래프·함수 등 시각 자료로 개념 이해, 탐구 문제 풀기 지도 가능.

 사회 · 과학

우리역사넷 (https://contents.history.go.kr/)
초중고 수준별 한국사 자료 제공.
교과서 연계 역사 학습, 영상·사진 자료 활용, 역사 퀴즈로 흥미 유도 가능.

국토지리정보원 (https://www.ngii.go.kr/)
지도 서비스와 공간 정보 제공.
지도 읽기와 공간 개념 강화, 생활 주변 지도 탐구 활동 가능.

국립중앙과학관 (https://www.science.go.kr/)
온라인 전시관, 과학 자료 제공.
과학 원리 체험 자료 활용, 실험 영상·자료로 과학 개념 이해 지도.

사이언스올 (https://www.scienceall.com/)
과학기술 뉴스와 학습자료 제공.
최신 과학 이슈와 실험 자료 활용, 탐구 중심 과학 학습에 도움.

👉 진로

주니어커리어넷 (https://www.career.go.kr/)
진로 탐색 플랫폼. 적성검사, 직업 정보 제공.
자녀 적성·진로 탐색, 진로 활동 자료 활용 지도 가능.

커리어넷 https://www.career.go.kr/cloud/w/main/home
한국직업능력개발원에서 운영하고, 대한민국 교육부에서 지원하는 진로진학 정보 홈페이지 흥미적성 검사, 직업가치관 검사와 전공탐색

하이파이브 https://www.hifive.go.kr/
특성화고와 마이스터고, 협약형 특성화고 등 직업계 고등학교에 대한 정보를 폭넓게 제공
학교 정보뿐만 아니라 취업 성공사례, 면접 팁, 이력서 작성법, 직업기초능력 영상자료 참고

👉 생활

어린이경제교실 (https://kids.moef.go.kr/main.do)
기획재정부 운영, 경제·금융 교육 사이트.
용돈 관리, 저축, 금융 생활 학습, 게임·체험형 활동으로 경제 습관 형성 가능.

이로운법 (https://www.lawnorder.go.kr/)
법률 교육 사이트.
생활 법률 이해, 사례·퀴즈 활용 지도 가능.

👉 언어

국립국어원 (https://www.korean.go.kr/)
국어 학습 자료, 표준국어대사전 제공.
맞춤법·어휘 학습, 글쓰기 자료 참고, 어휘력·문장력 향상 지도 가능.

👉 통합 학습 플랫폼

e학습터 (https://cls.edunet.net/)
초등~고등 교과별 맞춤형 학습자료 제공.
가정에서 교과별 보충학습, 영상 자료 활용 문제 풀이 지도 가능.

EBS 초등 (https://primary.ebs.co.kr/)
영상, 문제, 활동 자료 제공. 국어, 수학, 사회, 과학 학습 지원.
교과 보충학습, 영상 강의 활용 복습, 활동 자료 활용 실습 지도 가능.

에듀넷 티클리어 (https://www.edunet.net/)
교과별 학습자료, 멀티미디어 콘텐츠 제공.
자녀 수준별 자료 제공, 수업 전·후 학습 활용 가능.

서울런 (https://slearn.seoul.go.kr/)
온라인 학습 플랫폼.
학습 주제별 강좌 선택, 자율학습 및 보충학습 활용 가능.

함께학교 (https://www.togetherschool.go.kr/)
교육부에서 만든 학생, 학부모, 선생님의 소통 사이트
다양한 교육 자료, 정책 제안, 고민 상담, 스터디카페 등을 활용

학부모온누리 (https://www.parents.go.kr/)
학부모 교육 지원 포털.
자녀 학습 지도 자료, 상담 자료 활용 가능.

나이스 (https://www.neis.go.kr/)
학생 생활기록부, 성적, 출결 정보 제공.
학습 관리, 성적 확인 및 상담 자료 활용 가능.

👉 고등·성인 학습

케이무크(K-MOOC) (https://www.kmooc.kr/)
무료 대학 온라인 강좌 제공.
평생학습, 관심 분야 학습, 자녀와 함께 학습 경험 공유 가능.

KOCW (Korea OpenCourseWare) (https://www.kocw.net/)
국내외 대학 공개 강의 자료 제공.
고등·대학 수준 심화 학습, 탐구 학습 자료 활용 가능.

국가문해교육센터 e-학습터 (https://www.le.or.kr/edu)
성인·고령층 문해 교육 자료 제공.
부모님이나 성인 학습자의 기초 문해력 향상 지원.

👉 디지털

이솦(https://www.ebssw.kr/)
SW·AI 교육 자료 제공.
코딩·AI 학습 체험, 초중고 실습 학습 활용 가능.

디지털윤리 (https://xn--2z1b40gs9nlqcf0n.kr/main.do)
디지털 윤리·사이버 안전 자료 제공.
스마트폰·인터넷 사용 규칙 지도, 디지털 안전 학습 가능.

| 작가 소개 |

📚 **윤지선**
경기도교육청 소속 24년차 초등교사로 학생들의 문해력 향상과 행복한 성장을 주제로 한 책을 쓰고 있습니다. 『글 잘 쓰는 법』, 『하루 한 장 초등 경제신문』, 『초등교사 영업기밀』 외 십여 권을 출간했으며 전국교사작가협회 <책쓰샘> 대표이자 대한민국 미래교육 트렌드 집필팀장으로 강의를 통해 전국의 학생, 학부모님들과 만나고 있습니다.

📚 **배혜림**
경상남도교육청 소속 23년차 중등 국어교사로 문해력 교육에 진심입니다. 국어교사로, 엄마로 문해력 향상을 위해 노력하고 있습니다. 저서로는 『교과서는 사교육보다 강하다』, 『생기부 고전 필독서 한국 문학편』 등이 있습니다.

📚 **정예슬**
서울시교육청 소속 전직 초등교사로, 현재 인스타그램 5.1만 교육 크리에이터 '예슬쌤'으로 활동하며 다양한 교육 자료를 나누고 있습니다. 독서와 기록하는 삶이 곧 '나답게 살아가는 힘'을 키운다고 믿습니다. 저서로는 『초등 1학년, 스스로 공부가 시작됐다』, 『너의 생각을 응원해!』 등이 있습니다.

📚 **김문영**
서울시교육청 소속 전직 초등교사로, 현재 더채움교육연구소에서 '달콤쌤'으로 활동하며 대기자 1,000명 이상의 달콤쌤인문학 교과 독서와 인문학 융합독서 수업을 하고 있습니다. 인문학적 소양의 기본인 책과 교과 공부를 통해 배경지식을 키울 수 있도록 전국의 친구들을 만나고 있습니다. 저서로는 『교과서가 쉬워지는 초등 역사 신문』이 있습니다.

📚 **김서인**
전직 초등교사로, 티나쌤으로 활동하고 있으며 초등교육 전문가로 다양한 교육 인사이트를 나누고 있습니다. 미래엔 교과 뉴스 집필에 참여하였으며, 티나는생각교육연구소를 운영하며 자기주도 학습과 문해력 교육을 진행하고 있습니다.

📚 **김설훈**
경기도교육청 소속 전직 초등교사로, 지금은 대치동캐슬수학센터에서 학생들의 수학 실력 향상을 위해 애쓰고 있습니다. 비학군지에 사는 학생들에게도 대치동 수학 수업 참여 기회를 주고자 단톡방과 특강을 운영하고 있습니다. 1000명이 넘는 학부모와 소통하고, 매주 150여 명의 학생이 특강에 참여하는 교육공동체를 운영하고 있습니다.

📚김성화
경기도교육청 소속 14년차 초등교사로 생활 밀착 초등 경제교육을 실천하고 있습니다. 2025 한국은행 하계 초등교사 연수에서 교실 속 경제교육 수업 노하우와 교육 사례를 나누었습니다. 저서로는 『부의 미래를 여는 11살 돈공부』, 『한 걸음 먼저 경제』, 『우리 아이 첫 입학 준비』 등이 있습니다.

📚김수린
경기도 교육청 소속 22년차 중등 영어교사로 학생들의 영어 문해력 향상과 탄탄한 기초 문법을 지도하는 데 관심이 있습니다. 단순히 문법 지식을 전달하는 것을 넘어 상황에 맞는 영어를 정확하게 사용할 수 있는 수업을 지향하며 저서로는 『슬기로운 중학교 입학 준비』, 『중등문해력의 비밀』, 『하루 한 장 영어 표현&영문법』이 있습니다.

📚박현수
전직 초등교사로 현재 신문 수업, 노트필기 수업 강사로 활동하고 있습니다. '어떻게 하면 더 잘 배울 수 있을까?' 연구하며, 교육 프로그램과 학습 노트를 개발하고 있습니다. 저서로는 『중학생을 위한 필기법』, 『마음을 알면 공부가 쉬워진다고?』, 『하니쌤의 주제 글쓰기』, 『하니쌤의 문해력 노트 3종』 등이 있습니다.

📚엄월영
인천시 교육청 소속 18년차 초등교사로 학생들과 깊이 있게 책을 읽으며 소통하고 신문 읽기, 글쓰기 등을 통해 문해력과 인성교육을 실천하고 있습니다. 저서로는 『나는야 초등 뉴스왕:영어 편』이 있습니다.

📚전영신
경기도교육청 소속 16년차 초등교사로 1년 365일 어린이책을 읽습니다. 어린이가 배워야 할 모든 것이 재미있는 책 한 권에 들어 있다고 믿습니다. 저서로는 『초6의 독서는 달라야 합니다』, 『지안이는 1학년』 등이 있습니다.

📚정다해
서울시교육청 소속 24년 차 중등교사로, 20여 년간 사춘기 학생들의 성장을 함께해 왔습니다. 2022 개정 중학교 사회 교과서를 집필했으며, 학생들과 즐거운 수업을 위한 '수업 꿀팁'에 늘 관심을 가지고 『평생 써먹는 놀이 수업 280』을 출간했습니다. 현재 수업 개선 직무 연수 및 놀이 연수 강사로도 활동 중입니다.

평생 가는 진짜 공부

초판 1쇄 발행 2025년 8월 30일

지은이 | 전국교사작가협회 책쓰샘
펴낸이 | 정광성
펴낸곳 | 알파미디어
편집본부장 | 임은경
홍보·마케팅 | 차재영
디자인 | 황하나

출판등록 | 제2018-000063호
주소 | 05387 서울시 강동구 천호옛12길 18, 한빛빌딩 201호
전화 | 02 487 2041
팩스 | 02 488 2040
ISBN | 979-11-7502-006-1 (03370)

- 이 책은 저작권법에 따라 보호를 받는 저작물이므로 무단전재와 복제를 금합니다.
- 이 책 내용의 전부 또는 일부를 사용하려면 반드시 저작권자의 서면 동의를 받아야 합니다.
- 이 책에 실린 사진은 위키피디아, 유토이미지 및 각 저작권자에게서 제공받았습니다.
- 잘못된 책이나 파손된 책은 구입하신 서점에서 교환하여 드립니다.

알파미디어에서는 책에 관한 기획이나 원고 투고를 기다리고 있습니다. 출간을 원하시는 분은 함께 alpha_media@naver.com으로 연락처와 함께 기획안과 원고를 보내주세요.